教師のための「非認知能力」の育て方

中山芳一 著

明治図書

はじめに

　小中高すべての校種で学習指導要領が改訂され，早いもので2023年度には，中学校のすべての学年が新課程で進められることになりました。そのような中，児童・生徒たちの「学びに向かう力，人間性等」をいかに学校現場で育み，「主体的に学習に取り組む態度」としていかに評価するのかという課題について，現場にいらっしゃる先生方は日々向き合っていらっしゃることとお察しいたします。

　2018年11月に私が上梓した『学力テストで測れない非認知能力が子どもを伸ばす』（東京書籍）という一冊は，新しい学習指導要領の波が押し寄せようとしていた当時のたくさんの先生方にフックがかかり，以降は校種や地域を問わず本当にいろいろな学校や自治体へ招聘していただき，そこにいる先生方と共に課題解決を進めることができました。

　そうしていく内に，現場の先生方に手ごたえを感じていただきながら，実践力をより一層発揮されるようになり，学校や自治体が活性化していくことを私自身もはっきりと実感できるようになっていきました。この先生たちの変化によって，私自身も現場の先生方に負けないように自らを高めていくことができたと思います。お互いの立場は違っていても，共に児童・生徒たちのため，現場の教育のために力を注ぎ合える関係というのは，最高の宝物であると確信できました。

　さて，そんな年数を重ねていく内に，これはそろそろより多くの学校や自治体の方々へ発信していく必要があるのではないかと思い始め，この度明治図書出版さんに相談させていただいた次第です。幸いなことに，今回のご提案を快諾していただき，読者のみなさんのお手元に本書をお届けすることが叶いました。本書は，一言で言えば「子どもたちに認知能力と非認知能力の

一体的な育成を！」というコンセプトを持っていますが，それはあくまでも個人ではなくチームの実践によってです。

　これまで本当にたくさんの学校の先生方と共に行ってきた課題解決の先にあったのは，認知能力と非認知能力は切り離さずに育成すべきであるということ，そして，この育成をチーム学校，チーム自治体で組織的に取り組んでいくためには，ある一定のステップ（段階）が必要になってくるということ……これらを本書では具体的に提案していきます。その際の最大のポイントになるのが「教育実践ステップ5.0」というものです。こちらに関するそれぞれのステップと非認知能力についてのそもそも論を含めて本書は構成されています。これまで共に取り組んできた小中高の各校種の先生方の実践事例や自治体の取組事例なども紹介していますので，少しでも読者のみなさんの「やってみようかな」を誘うことができれば幸いです。

　さて，それでは次頁から読み進んでいってください！　そして，本書を読み終えたとき，みなさんが私たちのパートナーになってくださっていたら，こんなにうれしいことはありません！　どうぞよろしくお願いいたします。

2023年7月

中山芳一

本書の使い方

　本書は６つの章から構成されています。

・第０章　学校で育てたい「非認知能力」とは

　本書の理論編として，「非認知能力」の捉え方や育成のあり方について，図なども交えて，詳しく解説します。

・第１章　ステップ1.0　Chunk down
　　　　　抽象的な教育目標から具体的な行動指標へ
・第２章　ステップ2.0　Feedback
　　　　　日常的な見取りとフィードバックで意識づけ
・第３章　ステップ3.0　Gimmick
　　　　　意図的な仕掛けと感情への働きかけ
・第４章　ステップ4.0　Assessment
　　　　　量的×質的な振り返りと定期的な自己評価
・第５章　ステップ5.0　Reflection
　　　　　反省的実践者としての教師自身の省察

　第１章から第５章では，非認知能力の育成方法について５つのステップに分けてわかりやすく紹介します。実際の小学校，中学校，高等学校などでの具体的な事例も豊富に掲載しています。

本書でご紹介した，エピソード記録シート，4K 分析シート，ギミックブラッシュアップシート，ログシート，アセスメントシートは，以下の URL から無料でダウンロードできます。
All HEROs 合同会社のウェブサイト内：https://allheros.net

第0章

ビジュアルでわかりやすい，図表が満載です。

やハーバート・ギンタスらもそうです。このときに，彼らが子どもたちが育っていく上で必要な学力だけではない力を「非認知能力」（Non-cognitive skills）」と表現したことが，結局のところ現在の私たちのネットワークになった経緯だと言われています。したがって，先ほどおれた心理学領域による「認知」とは文脈そのものが異なっているために，私たちの理解を難しくさせてしまっていると考えられます。そして，子どもたちが育っていく上で学力以外の（客観的かつ定量的に測定して把握できない）必要な力であるというのであれば，古くから「心」と呼ばれてきたもの，内閣府（2005年）が提唱した「人間力」も，さらには「EQ（こころの知能指数）」として研究されてきたものも，どれもが非認知能力という概念の中で扱われてしまわれけです。ですから，私たちは非認知能力という言葉を，軽類に概念を検討されてきたアカデミックな言葉ではなく，キャッチボール（包括的）な言葉として扱わないといけないのかもしれません。そのため，私は多く研修などの場でこのことについては論調するようにしています。なぜなら，何か新しい力の育成を新しい概念として学校現場で求められているのではなく，これまでもずっと学校現場で大切にしてきた教育の本質そのものについてふれているだけのですから……。

学校とは児童・生徒の人格形成の場であり，教育は児童・生徒の人格形成を助ける営みであり，教職員は児童・生徒の人格形成を助ける専門職である──教育の本質はこの人格形成という言葉に示されています。この非認知能力について学校現場の先生方と共に深めていけばいくほど，教育の本質，すなわち人格形成という言葉につながっていきました。そして，私は非認知能力という言葉によって，「教育の本質の焼き直し」をしているだけではないかという話題に至っているのです。言い換えるなら，上述した通り何も新しいことなど言っていない，という話になります。ただし，敢えて「焼き直し」という言葉を使ったのは，確信度を上げているという意味を持たせたかったからなのです。つまり，これまでも現場の経験から職の中で大切

だと思われてきたことであり，児童・生徒にこうした力を育ててきたのも「できる先生」の個人的な実践に委ねてきたことであり，いかにして育てるかについても「できる先輩の背中（実践）を見て学べ」と言われてきたことではなかったでしょうか。そのような中で今，焼き直す，つまり解像度を上げることが求められるようになったのが，「いま」なのです。特別や経験が少ない頃するのではなく，専門として組織的に蓄積していくための仕組み化や構造化ができ得み込人いかでできなってきたと私は理解しています。だからこそ，教育の本質の解像度を上げて（焼き直し），教員組織のロストリジェネレーション問題も乗り越え，世代にかかわらず私に学校現場を人格形成の場にしていく時代がやってきたととらえるようになったのです。

それでは，改めて認知能力と非認知能力との関係を【0-1】の通りに整理してみましょう。先ほどの通り，客観的かつ定量的な測定がしにくいかたちを認知的な傾向の強い方に，感受性で主観的にならざるを得ない力たちを非認知的な傾向の弱い方にまとめています。さらに，思考力や判断力，表現力といったたちを認知的傾向と非認知的傾向の中間に位置づけてみました。

【0-1 認知的傾向の力と非認知的傾向の力】

第1-5章

ステップ別に非認知能力の育て方をご紹介します。
実践で使えるシートはダウンロードも可能です。

2. エピソード記録と4K分析に挑戦

前章では，教員の見取りそのものについて重点的に説明してきました。また，改めてステップ1.0でやってきたことの意義と活用のあり方についても説明を加えてきました。ここでは，ステップ1.0で取り組んだ非認知能力と行動指標をチームの見取りのレンズとしたとき，先生方の実践の中からさらにどんな活用方法があるのかを具体的に提案していきましょう。

(1)エピソード記録

まずは，エピソード記録ですが，これは先生方がせっかく見取った子どもの姿や行動を日々の記録にとどめておくという，記録として残しておけるということを提案しています。ちょうどステップ1.0のアイデアテーナッツ付箋紙に書き出していったあのエピソードを，それら別を日常的・定期的に書き出していくためのシートです。そのため，あらかじめこのシートには「誰が？どんな場面で？どうした？」についてそれぞれ仕分けして記録するように枠組みを設けています（次頁参照）。

期間などについても内容は条件あるわけではなく，例えば先生によっては1週間で自身が見取った児童・生徒のことをシートに記録されている方もらっしゃいます。研修ごとに研修の時間を使ってみんなで記録しておおいに見せ合っている学校もあります。毎日欠かさず，見取ったことの記録を蓄積されている方もいらっしゃいます。また，①～⑨までの記録を蓄積され，タイムトライアル形式ですべての欄を埋めるのにどれだけの時間がかかるのかを計測している方もいらっしゃいます。どの使い方もアリです。

幼児教育の分野でも積極的に取り組まれているエピソード記録ですが，この記録を習慣化させていくことで，教師や保育者の見取りの専門性を高められるきっかけになり，私は見取り力のトレーニングの一つとして記録づけることをおススメしています。また，このシートの左から2番目の列には「レンズ」と書かれている枠があります。ここには，みなさんがどのレンズを持ってそのエピソードを見取ったのかが書けるようになっているため，より一層ステップ1.0からの関連性が出てくるわけです。ちなみに，この項目には，チェックボックスの欄に「向き合う」と「高める」と「つながる」を入れ込んでいます。あらかじめこのレンズに入れ込んでいればチェックするだけで意識したレンズを明らかにできますので，ぜひ，ステップ1.0で言語化した各自独自のオリジナル版のレンズをここへ入れ込んでいただければと思います。

【エピソード記録シート サンプル】

期　間		年　　月　　日　～　　月　　日	
No.	レンズ	誰が？	どんな場面で？	どうした？
①				
②	□向き合う □高める □つながる			

※教職員の場合は4×6判を使用しています。

本書の使い方　5

目　次

学校で育てたい「非認知能力」とは

1. 「非認知能力」という力について

　「非認知能力」と呼ばれている力は，「非」から始まる言葉なので，あまりよいイメージを持たれない方もいらっしゃるのではないでしょうか。正直なところ，10年ほど前に私もこの言葉を目にしたときには違和感しかなかったですし，すぐに世の中から消えていく言葉に違いないと思っていました。しかし，消えていくどころか教育や保育，ビジネスの世界でホットワードとして定着し始めているのだから驚きです。

　さて，改めてこの非認知能力という力を一言で説明するならば，「認知能力ではない力」ということになります。日常ではないから非日常，公式ではないから非公式……熟語の構成的にはまったく同じですよね。だから，まずは認知能力の方を先に理解しておきましょう。ただし，ここで一つ厄介なことがあるんです。それは，よく心理学や脳科学で用いられている「認知機能」とこの認知能力は別のことを指しているという点です。そうですよね。認知機能ではない……なんて言ってしまったら，「知覚・記憶・理解・想像・推論・判断」などができないということになってしまいます。例えば，非認知能力の代表的な一つに挙げられる共感性を見ても，相手のちょっとした表情などの変化に気づき，これまで記憶してきた情報を踏まえながら，何があったのか（どういう心情にあるのか）を想像することは必要不可欠です。もし共感性が認知機能でなかったとしたら，これらがすべてできないことになってしまうため，相手に共感することなど到底できません。ということで，ここで言われている認知能力とは認知機能を意味しているのではなく，これまでも狭義の学力や見える学力と呼ばれてきた力のことを指しているのです。「あの子の数学（の力）は，いまどれぐらいなのだろうか……」と把握しよ

うとしたら，定期テストや実力テスト，小テストなどの点数を見て，平均点と比べてみたり，クラスや学年で順位を出してみたり，偏差値を出してみたりしますよね。そうすれば，基本的にその子の教科の力は誰から見てもズレることなく客観的に把握することができます。しかし，あの子の粘り強さややる気，はたまた思いやりはどれぐらいだろうか……と把握しようとすれば，先ほどのような客観性が一気に失われ，本人や本人以外の感覚的で主観的な把握になってしまうわけです。ただし，点数にすることならできます。例えば，「あなたのやる気は100点満点中でいえば何点ですか？」と聞くことはできるからです。そして，自分の感覚的で主観的な点数を口にすることでしょう。みなさんなら，謙虚で控えめに言われますか？　それとも少しウケねらいをされますか？　さらに，「お隣の方のやさしさは何点ですか？」などと尋ねられたときには，忖度してしまいそうですよね……。「高校の頃の英語（の力）はどれぐらい？」って聞いてもらった方がよっぽど楽に答えられます。これこそが，誰から見ても客観的かつ定量的に測定して把握できる認知能力ではなく，どうしても感覚的かつ主観的にならざるを得ない非認知能力と言われている私たちの内面に深くかかわる変容・発達が可能な力なのです。

　かつて，アメリカがスプートニクショック以降にエリートの大量生産を目指して，詰込み教育よろしくの学力偏重主義に陥ったことは有名です。このアメリカの学力偏重の就学前教育や学校教育の動向は，当時のわが国にも大きな影響を与え，1970年代以降の校内暴力ブームの原因となったとさえ言われているほどです。そのような中で，わが国でもこの動向に異を唱えてきた教育関係者がもちろんいらっしゃったわけですが，それはアメリカでも同様でした。特に，アメリカの教育学者だけでなく経済学者の中には，アメリカの教育政策に対して，子どもたちに学校で育てたい力は学力だけではないということを経済学的アプローチに基づいて強く提唱してこられた方々がいらっしゃったわけです。言うまでもなく，2000年にノーベル経済学賞を受賞したジェームズ・J・ヘックマンもその一人でしたし，サミュエル・ボウルズ

やハーバート・ギンタスらもそうです。このときに、彼らが子どもたちが育っていく上で必要な学力だけではない力を「非認知能力（Non-cognitive skills）」と表現したことが、結局のところ現在の私たちのホットワードになった経緯だと言われています。したがって、先ほどふれた心理学領域による「認知」とは文脈そのものが異なっているために、私たちの理解を難しくさせてしまっているのだと考えられます。そして、子どもたちが育っていく上で学力以外の（客観的かつ定量的に測定して把握できない）必要な力だというのであれば、古くから「心」と呼ばれてきたものも、内閣府（2005年）が提唱した「人間力」も、さらには「EQ（こころの知能指数）」として研究されてきたものも、どれもが非認知能力という概念の中へ包括されてしまうわけです。だからこそ、私たちは非認知能力という言葉を、精緻に概念を検討されてきたアカデミックな言葉ではなく、キャッチオール（包括的）な言葉として扱わないといけないのかもしれません。そのため、私自身も研修などの場でこの点については強調するようにしています。なぜなら、何か新しい力の育成を新しい取組として学校現場で求められているのではなく、これまでもずっと学校現場で大切にしてきた教育の本質そのものについてふれているだけなのですから……。

　学校とは児童・生徒の人格形成の場であり、教育とは児童・生徒の人格形成を助ける営みであり、教師とは児童・生徒の人格形成を助ける専門職者である……教育の本質はまさにこの人格形成という言葉によって示されています。この非認知能力について学校現場の先生方と共に深めていけばいくほど、教育の本質、すなわち人格形成という言葉につながっていきました。そして、私は非認知能力という言葉によって、「教育の不易の焼き直し」をしているだけではないかという結論に至ったのです。言い換えるなら、上述した通り何も新しいことなど言っていない、という話になります。ただし、敢えて「焼き直し」という言葉を使ったのは、解像度を上げているという意味を持たせたかったからなのです。つまり、これまでも現場の経験や勘の中で大切

だと思われてきたことであり，児童・生徒にこうした力を育ててきたのも「できる先生」の個人的な実践に委ねてきたことであり，いかにして育てるかについても「できる先輩の背中（実践）を見て学べ」と言われてきたことではなかったでしょうか。そのような中で，焼き直す，つまり解像度を上げることが求められるようになったのが，「いま」なのです。勘や経験ばかりに頼るのではなく，専門性として組織的に蓄積していくための仕組み化や構造化にまで踏み込んでいくことが必要になってきたと私は理解しています。だからこそ，教育の不易の解像度を上げて（焼き直して），教員集団のロストジェネレーション問題も乗り越え，世代にかかわらず真に学校現場を人格形成の場にしていく時代がやってきたととらえるようになったのです。

　それでは，改めて認知能力と非認知能力との関係を【0−1】の通りに整理してみましょう。先ほどの通り，客観的かつ定量的な測定がしやすい力たちを認知的傾向の強い方に，感覚的で主観的にならざるを得ない力たちを非認知的傾向の強い方にまとめています。さらに，思考力や判断力，表現力といった力たちを認知的傾向と非認知的傾向の中間に位置づけてみました。

【0−1：認知的な傾向の力と非認知的な傾向の力】

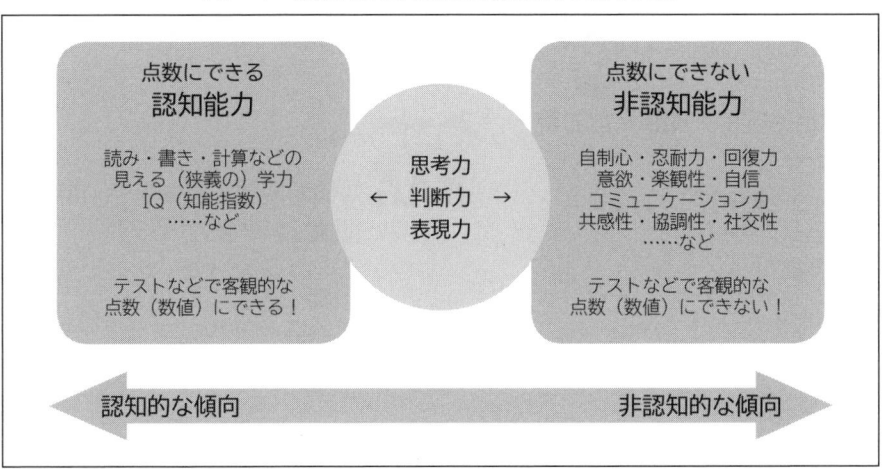

こうやって整理してみると、ちょうどパソコンのアプリケーションが知識などの認知能力、CPU（中央演算処理装置）が思考力・判断力・表現力、OS（オペレーションシステム）が非認知能力に紐づけられるように見えてきます。つまり、どんなに高性能で最新のアプリケーションがインストールされていても、OSが脆弱だったら「宝の持ち腐れ」になってしまいますよね。そんなふうにとらえてみてもわかりやすいかもしれません。話を元に戻しますが、上述した通り非認知能力はとても包括的な言葉です。そのため、正確に言えば「非認知能力が強い（弱い）」とか「非認知能力がある（ない）」という言い方は適切ではないわけです。常に、どの非認知能力のことを指しているのかを明確にしなければなりません。しかし、心理学領域で研究されているような様々な非認知能力を個別具体的に挙げていくというのも、学校現場で実践する上では難しいものです。そこで、私と学校現場の先生方が共に作ってきた非認知能力群が【0-2】の通りになります。

【0-2：教育現場で活用可能な3つの非認知能力群】

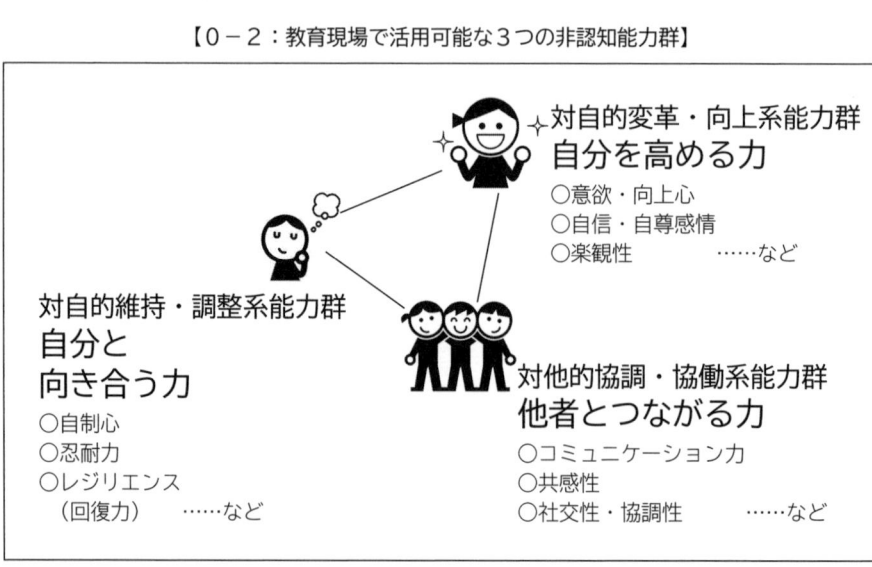

対自的変革・向上系能力群
自分を高める力
○意欲・向上心
○自信・自尊感情
○楽観性　　　……など

対自的維持・調整系能力群
自分と
向き合う力
○自制心
○忍耐力
○レジリエンス
　（回復力）　……など

対他的協調・協働系能力群
他者とつながる力
○コミュニケーション力
○共感性
○社交性・協調性　　……など

これは，校種を超えた各学校現場での学校教育目標や校訓・校是，目指す生徒（児童）像，さらには保幼こども園の理念・目標などをベースにグルーピングしたものです。そして，【0-3】には，これらの能力群について説明していますのでご参照ください。

【0-3：3つの非認知能力群の分類表】

非認知能力群	能力群についての説明	主な非認知能力
対自的維持・調整系能力群 **自分と向き合う力**	自分にとってネガティブな感情を持つことがあっても，いまの自分の状態へ戻してくための力	・自制心 ・忍耐力 ・レジリエンス（回復力） …など
対自的変革・向上系能力群 **自分を高める力**	自分にとってポジティブな感情を持って，いまの自分の状態をよりよいものにしていくための力	・意欲・向上心 ・自信・自尊感情 ・楽観性 …など
対他的協調・協働系能力群 **他者とつながる力**	他者との意思疎通によって円滑な人間関係を築き，集団の中でも共に取り組んでいくための力	・コミュニケーション力 ・共感性 ・社交性・協調性 …など

このようにグルーピングすれば，少なくとも非認知能力の中のどの力を育てたいのかを明確にして，具体的な実践へと歩を進めていけます。ここがぼんやりしてしまうと，やみくもな実践となってしまうので注意が必要です。また，このように非認知能力をグルーピングできたとしても，それぞれが別々に乖離しているわけではないので，この点についても気をつけておいてください。例えば，我慢できるようになっていくことで，他者との関係の中に折り合いをつけられるようになってきます。今度は，他者との関係ができていく中で，新しい意欲へとつながることもあります。こうして，私たちの中にある非認知能力は，お互いに影響し合いながら育まれていくのです。

そして，もう一つ重要なポイントがあります。それが，【0-4】で整理

した非認知能力の両義性です。両義性……つまり様々な非認知能力は，それぞれにプラスの面とマイナスの面の両方を持ち合わせているということになります。そもそも，非認知能力は認知能力ほど単純な力ではありません。誤解を恐れずにいえば，認知能力は高ければ高いほどよい，テストの点数が100点であればあるほどよい，そんな力たちです。しかし，非認知能力は高ければ高いほどよいのかといえば，そこに弊害が生まれてしまうリスクも孕んでいます。我慢できればできるほどストレスがたまりやすい，自信があればあるほど過信が生まれやすい，誰とでも仲良くなろうとすればするほど自分の主張をなくしてしまう……このような両義性は常に他者との関係やそれぞれ置かれている状況の中で生じてしまいがちです。さらに付け加えるなら，相手や状況によってプラスにもマイナスにも評価されてしまうということになります。

　したがって非認知能力は状況に依存されやすい力であり，一方の認知能力は状況に依存されにくい力となりますね。

　さて，このように非認知能力をグルーピングしたことで，育成したい力を明確にすることや両義性があることなどを説明できましたが，私自身はこのグルーピングが不変の正しさを持っているとは決して思っていません。実際に，非認知能力を扱う識者によってもグルーピングは異なります。現場の実践ありきの私としては，より学校現場で使いやすいグルーピングであればよいのではないかと考えているところです。もちろん，先ほどの通りグルーピングをしなければ曖昧なままになってしまうのでグルーピングは必要ですが，あとは各学校現場での使いやすさが優先されればよいのではないでしょうか。かくいう私も，かれこれ５年以上はこのグルーピングが使いやすいので使ってきましたが，もしもっと使いやすいグルーピングを見出すことができれば，きっとそちらを使うことになるでしょう。

【0-4：状況に依存しやすい両義的な非認知能力】

3つのグループ	プラスの面	マイナスの面
対自的維持・調整系能力群 **自分と向き合う力** 　自制心 　忍耐力 　レジリエンス(回復力) 　　　　…など	・いつも安定していて，表情や態度に落ち着きがある。 ・計画などに忠実で規律正しく，忍耐強さと注意深さがある。 ・凹むことがあっても気持ちを切り替えて，再び取り組める。	・周囲に対して自分の感情の変化が理解されにくい。 ・想定外の突然の出来事に弱く，臨機応変な対応が苦手。 ・ストレスなどの精神的な負荷を抱えすぎてしまう。
対自的変革・向上系能力群 **自分を高める力** 　意欲・向上心 　自信・自尊感情 　楽観性 　　　　…など	・新しいものを好み，そこに喜びを感じられる。 ・難しいことに直面しても自分の可能性を信じることができる。 ・いろいろなことに取り組む中で楽しみを感じることができる。	・新しいものを好むために，一つのことが持続しにくい。 ・無謀な挑戦をしてしまい，リスクの想定や計画的な取組が苦手。 ・楽しみが独りよがりになってしまい周囲と合わなくなる。
対他的協調・協働系能力群 **他者とつながる力** 　コミュニケーション力 　共感性 　社交性・協調性 　　　　…など	・他者との意思疎通をとりやすい発信と受信ができる。 ・他者の感情や思いをその理由や背景も含めて想像的に理解することができる。 ・人当たりのよさがあって，たくさんの人と仲良くできる。	・自分と相手との一致感を押しつけてしまいやすい。 ・相手に心を砕きすぎてしまい，精神的な疲労が生まれやすい。 ・他者との衝突を避けるために自分の主張が少なくなる。

2. 時代に要請される非認知能力の育成

　前節でもふれたとおり，非認知能力とは私が子どもの頃から，さらにそれ
よりずっと前から大切にされてきた「心」そのものです。そしてこのような
力の大切さについては，テレビのコマーシャル一つとっても，学園ドラマ一
つとっても，いつの時代も変わらず語られてきました。私が西岡壱誠氏と共
に書いた本ともかかわりの深いドラマ『ドラゴン桜（TBS：2021年）』の最
終回でも，阿部寛さん演じる桜木先生がこう言っています。「人生で一番大
事なのは，東大に行くことでも，勝つことでも，結果を出すことでもない。
お前らが目標に向かって努力した一分一秒。自分の人生を変えようと，がむ
しゃらに努力したその道のり，熱意。そして仲間への想い。それこそに価値
がある」。この桜木先生のセリフで『ドラゴン桜』は幕を下ろすわけですが，
これぞまさに非認知能力と言わんばかりです。この非認知能力をドラマの世
界だけでなく，現実の中でより確かな育成が要請されるようになったのが，
「いま」なのだということは先ほども述べました。それでは，どうしてこれ
ほどまでに非認知能力の育成が求められるようになったのでしょうか？　こ
こでは，まずその時代背景について紹介していくことにしましょう。

　ポケットベル（通称ポケベル）からスマートフォン（通称スマホ）に進化
するまでの年数は，およそ25年と言われています。その間には，PHS（通称
ピッチ）やケータイ電話（通称ガラケー）もあったのですが，これらを通り
越してスマホに進化するまでの期間が四半世紀だったわけです。これを長い
ととるか短いととるかは個人の主観にもよるでしょうが，大学1〜2年生の
ときまでポケベル世代だった私からすると，恐るべきスピードとしか言いよ
うがありません。さらに，ここへ現れたのが AI（人工知能）……この AI

がまるで人間のようにこちらの質問に対して対話形式で答えてくれる Chat GPT の存在をみなさんもすでにご存じのことでしょう。このような科学技術の飛躍的な進歩は，私たちの想像をはるかに超え始め，専門家たちはシンギュラリティ（技術的特異点）の訪れを予想してきましたが，年々その訪れの時が早まってきている印象です。実際に，この科学技術の進歩は私たちの日常生活をますます便利にしてくれ，「やらなくていいこと」が日に日に増えてきているのかもしれません。ただし，そんな現状は決して私たちの存在を不要なものとして否定し，怠慢で怠惰な人間へと陥れていくわけではなく，「私たち人間だからできること」を模索し，AI とパートナーシップを組んでより豊かな社会を創り出していくことを求められているはずです。AI は明らかに人間よりも情報処理能力が高く，24時間365日不眠不休で稼働してくれます。言い換えるなら，いわゆる認知能力のレベルが圧倒的に高い存在だといえるでしょう。しかし，人間のように自らの感情を持ち，相手の感情をわかるということはできません。しんどいときに歯を食いしばるとか，一つの目標を見つけてそこに邁進するとか，相手の気持ちを慮るとか，それこそが人間だからこそ持っている「心」であり感情なのです。それゆえに愚かなことが起きてしまったり，予想もつかない偶然に遭遇したり，とびっきりの幸運をつかみ取ったりすることもできるわけです。この「心」や感情にかかわる力のことを，いま私たちが非認知能力と呼んでいるということは，人間だからこそ持っていて，人間だからこそ育成することのできる力なのだとおわかりいただけたでしょう。そして，AI をはじめとした科学技術の進歩こそが，昔から大切だと言われていた非認知能力という力を，私たちに改めて人間だから必要なのだと教えてくれているのではないでしょうか。

　さらに，この科学技術の進歩に加えて，医療技術の進歩による「人生100年時代」「VUCA（不安定・不確実・複雑・不明確な）時代」や「Society 5.0（狩猟・農耕・工業・情報を経た5番目の超スマート社会）」といった予測できない劇的な変化を告げる時代や社会の名称まで飛び交ってきました。

そうこうしている内に，2020年からの新型コロナウイルス感染症によるコロナ禍，ロシア・ウクライナ関係をはじめとした危機的な世界情勢，地球温暖化による気候変動……といった未曽有の事態は，もはや私たちが子どもの頃に見ていた映画や漫画の世界が現実そのものになり始めているとさえいえるでしょう。このような中で，いかに知識や情報をインプットできたかが問われ，その向こう側には「いい大学」や「いい会社」が人生の安全・安心・安定をもたらしてくれるという「世の中で正解といわれていたもの」が急速に影をひそめるようになりました。児童・生徒には，認知能力だけでなく必要な非認知能力を伸ばし，使いこなせるように育成していくこと……これこそが学校現場にいま要請されていることであるとともに，前節で述べた教育の不易の焼き直しが求められていることを意味しているのです。

　このような中で，2015年にはOECD（経済協力開発機構）が，「社会情動的スキル」を提唱した上で，「認知的スキル」との不可分な関係についてもエビデンスベースで報告してくれました。同年にCCR（Center for Curriculum Redesign）による教育の4次元でも知識やスキルに加えて人間性やメタ学習が掲げられるようにもなりました。こうして，先進国を中心に非認知能力に相当する力の重要性が強調され始めて久しいのですが，わが国でももれなく新しい学習指導要領へ位置づけられる運びとなったわけです。それが，すでにご存じの通り，生きる力を構成する3つの柱の内の一つ「学びに向かう力，人間性等」となります。「関心・意欲・態度」とされていた以前の学習指導要領と比べても，その重厚感たるや歴然の差が出てきました。いかにしてこの「学びに向かう力，人間性等」を児童・生徒に涵養していくのか……とても大きな挑戦だったと思われるのですが，同時に小学校現場においては新しい学習指導要領へ移行した年がコロナ禍の始まりの年となってしまい，大打撃を受けたことは言うまでもありません。あの当時のことを思い出しても，学校現場の先生方にはただただ頭の下がる思いです。

　ところで，新しい学習指導要領の改訂もさることながら，大学入学試験にも大きな変革の時期が訪れていました。もちろん，その理由は複合的ではあるのですが，やはり社会が大学などに求める人材及び人材育成のあり方が与える影響は大きいことがわかります。日本経済団体連合会（通称，経団連）が毎年報告している企業が求める資質・能力を見ても，主体性や協調性など，非認知能力に該当する項目が常に上位を占めている状況です。どうしても社会に出て様々な課題解決を進めていくには，画一化された正解ではなく納得解や最適解を見出し続けるための様々な非認知能力の必要性に焦点が当てられます。そこで，大学の入り口となる入学試験の形態にも大きな変化が生じ始めているのです。

　まず，これまで指定校推薦や公募推薦とされてきた入試は，現在「学校推薦型選抜」と呼ばれており，多くの大学では高等学校側の推薦に加えて，小論文やプレゼンテーション，面接などが課せられます。次に，これまで最も多くの受験生が受けてきた一般入試，これは「一般選抜」と呼ばれており，共通テストやペーパーテストに加えて，先ほどと同様に小論文やプレゼンテーション，面接などを課す大学が増えてきました。ちなみに，2021年度には福岡教育大学や大阪教育大学で，拙著『学力テストで測れない非認知能力が子どもを伸ばす』（東京書籍；2018年）を入試問題に採用してくださり，教師になったときに非認知能力をどのように育成するかといった小論文の問題が出題されていました。そして，これまでの AO 入試は，現在「総合型選抜」となって，総合的な探究やそのほかの諸活動など現在に至るまでの活動報告書や志望大学への入学希望理由書を中心とした，まるで民間企業の就職試験のような入試に変わってきています。驚くことに，全体の割合についても2021年度（令和３年度）では，国公立大学と私立大学を併せたとき，総合型選抜では全体の12.7％，学校型選抜では全体の37.6％でした。したがって，特別選抜入試そのものが全体の50.3％になっていることがわかります（文部科学省調べ（2022年））。私たち世代（第２次ベビーブーム世代）が経験して

きたコンテンツ（知識・情報）重視の受験勉強とは大きく様変わりしています。そんな私たち自身が，この認識を変えるためにも，これまでの入試で求められてきた脳の部分と現在の入試で求められている脳の部分とを比較してみてください。

【0－5：入試でも求められるようになってきた額の内側】

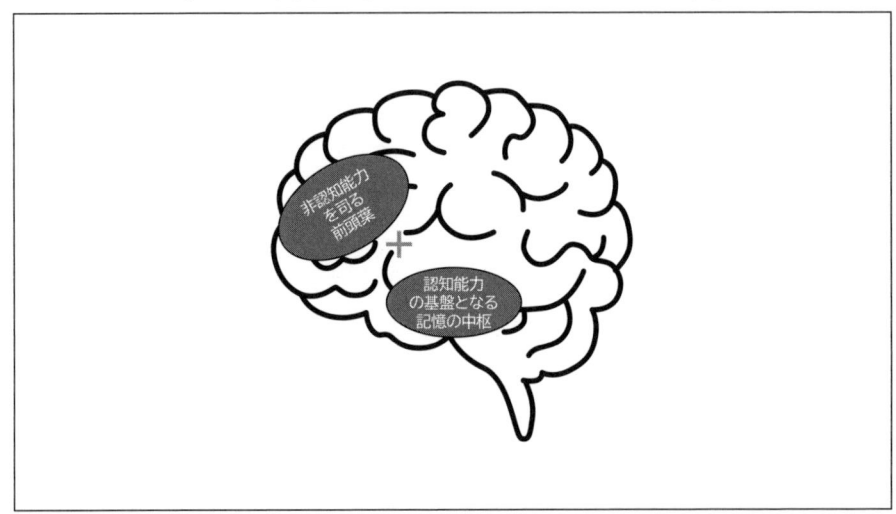

　このように，認知能力の基盤ともいえる記憶系に加えて，どのような意思を持って計画的に臨み，感情もコントロールしながら経験してきたかというプロセスそのものが必要となってくるため，額の内側にあるような前頭葉前頭前野までも問われるようになりました。もちろん，こうしたプロセスを根拠に基づいて筋道立てて言語化し，相手に伝わりやすく表現する力も重要視されていることは言うまでもありません。さらに，この前頭葉前頭前野については，小学生の中学年（10歳頃）から一般的な高校3年生（18歳頃）までの時期が変容しやすくなっていることがわかっています。そのため，こうした時期に必要な刺激（stimulation）を与えることができれば，非認知能力の育成にポジティブな影響が期待できそうです。

3. 非認知能力の育成のあり方
―働きかけるところは？

　それでは，児童・生徒に刺激を与えて，なんらかの非認知能力を育成するためには，どのようなことを行っていけばよいのでしょうか？　ここで改めて第1節でもふれた人格形成について言及しておきたいと思います。繰り返しになりますが，非認知能力とは，児童・生徒も，私たち大人も，人格を形成するために必要となる内面的かつ変容・発達可能な力のことを指しています。educe（引き出す）がeducation（教育）の語源であると言われるように，教育とは児童・生徒の人格形成を助けるために，そこに必要な非認知能力に刺激を与えながら，その力を引き出す営みといえるでしょう。ただし，この教育に関する本質的なとらえ方の解像度を上げることが，「教育の不易の焼き直し」でしたので，改めて人格（personality）についても解像度を上げておきたいと思います。人格に似ている言葉で性格（character）や気質（temperament）という言葉があります。これらの違いについては定義づけがいくつかされているのですが，敢えて整理してみると，【0－6】のような三層構造として示すことができます。

　まず，生まれながらに先天的に持ち合わせている個人の情動的な特徴を気質としたとき，最も中核に位置づくとともに，以降の人格の形成に大きな影響を与えていることがわかるでしょう。次に，性格を幼児期前半（3～4歳ぐらいまで）の低年齢時に形成される内面的な特徴としたとき，気質を囲むように性格が位置づけられることとなります。そして，最後に人格なのですが，気質や性格を中心に据えながら後天的に形成されていく人間性とすれば，生涯にかけて変容・発達し続けるのが人格であり，そこには様々な非認知能力の変容・発達が切っても切り離せない関係にあることがわかります。

【0-6：気質・性格・人格の三層構造】

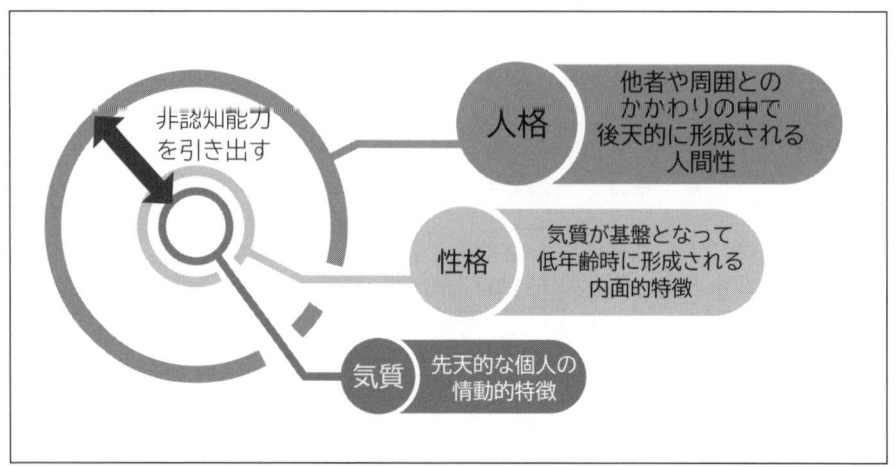

このように人格形成の解像度を上げたとき，今度は【0-7】のピラミッドをご覧ください。

【0-7：非認知能力育成のためのピラミッド】

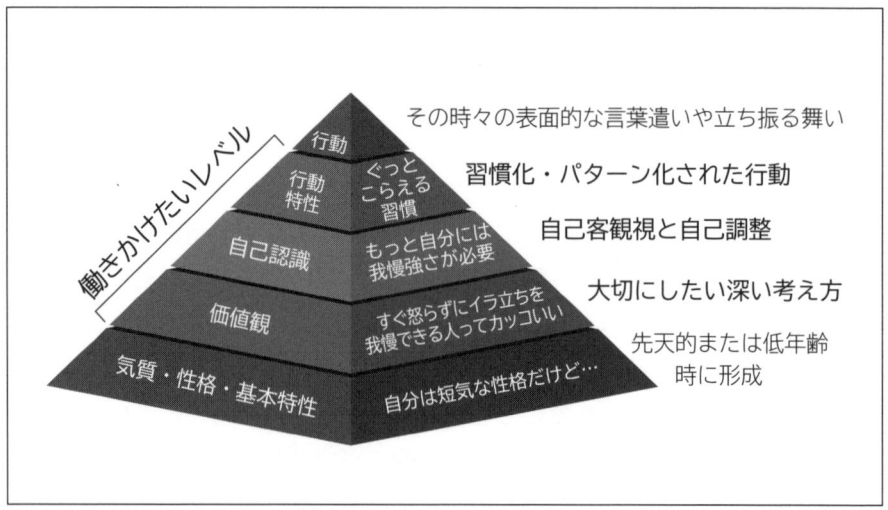

　先ほどの通り，先天的に持ち合わせた気質，低年齢時に形成される性格として整理するならば，そこに発達障害特性などの基本特性も含めて，変容・発達が困難かつ人格の形成に影響力を与え続ける領域として，ピラミッドの最も底辺（土台）に位置づけられます。これは，児童期以降の児童・生徒にかかわる上では，この領域に対して変容を促すためのなんらかの働きかけは極めて困難であることを意味しているのです。むしろ，自分がどのような気質や性格，基本特性なのかを知り，上手に付き合っていくことが求められる領域といえます。一方で，ピラミッドの頂点に位置づけられるのは，その時々の言葉遣いや立ち振る舞いなどの行動です。この頂点が意味するのは，表面的であると同時に，変えやすいという点です。ともすれば，その場しのぎ的に変えることもできますし，「こういうときにはこうするように」というマニュアル的な指示によって変えることもできるでしょう。しかしながら，周知の通りそのような働きかけには限界がありますし，人格そのものの形成を助けているというわけでもありません。そこで，注目すべきはピラミッドの底辺と頂点の間にある3つ（価値観・自己認識・行動特性）です。この3つについては，後天的に変容することができ，周囲からの働きかけもできるところになり得ますので，一つずつ説明していきたいと思います。

　ピラミッドの土台の真上に位置づいている価値観とは，私たち一人ひとりが持っている「こうでありたい」「こうなりたい」「こういう行動をしたい」などの深い考え方を指しています。言い換えるなら，大切にしたいこととして根づいている信条や信念（モットーやポリシー）になりますし，様々な選択場面での判断基準にもなります。先を急ぐ自分の予定を優先すべきか，目の前で困っている人を優先すべきか……多くの場合，私たちは自らの価値観に基づいてこの選択をすることになります。また，将来的な職業選択も価値観を頼りにしますし，自らの生き方そのものも人生観という価値観です。こうして，私たちは（大人も子どもも）価値観を持ち，その価値観を時には変えていきながら，自身の選択や行動の基準として設定する……それは自らの

意識のベースを明確にしていくことになります。この価値観について教師は，児童・生徒に教師が大切にしている価値観を言葉で伝えたり，自らの行動で示したり，時にはその子へ問いかけることでその子がなんとなく持ち始めている価値観を明確に見出そうとしたり……そんな働きかけをしているのではないでしょうか。

　しかし，価値観だけを持っていても，そこに普段の行動が伴わなければ，言っていることとやっていることとの不一致が起こり，辻褄が合わなくなってしまいます。これは，私たち大人にも起こり得ることなので，くれぐれも注意が必要です。特に，言行不一致な教師（言っていることとやっていることが一致していない辻褄が合わない教師）は，児童・生徒の目から見ても違和感を抱かざるを得ないため，以降の信頼関係にも陰りを生じかねないでしょう。話を元に戻しますが，この不一致が起きてしまう大きな要因に，自己認識の欠如が挙げられます。自己認識とは，自分の行動を客観的に観察（自己客観視）できていて，その上で自分の行動を調整（自己調整）できることを意味しています。例えば，ある子どもが「人にやさしくありたい」を自らの価値観（モットー）にしているにもかかわらず，周囲から見て人にやさしいとは到底思えない発言を繰り返していたとします。このとき，その子自身が，自分の発言が周囲からどのように受け止められているのかを客観視できていれば，その一致していないズレを調整することが可能です。しかし，この客観視ができていなければ，言うまでもなく調整することはできません。自分が「こうありたい」「こうなりたい」「こういう行動をしたい」などという価値観を明確に持った上で，そうであるためにいまの自分には何が必要なのか，何ができていて，何ができていないのかを把握（自己客観視）して，どんなことをこれから意識していけばよいのかを明らかにすること（自己調整）ができれば，不一致を起こさないようにできるでしょう。これが自己認識の重要性です。なお，以降の章でも後述しますが，この自己認識をリアルタイムで行うこと（メタ認知）ができれば，状況に依存されやすい両義的な

非認知能力を状況に応じてプラスの方向へと使いこなせるようになるため，自己認識の重要性の高さがなおさらわかりますね。

　さて，この自己認識の上に位置づく行動特性とは，上述した行動と何が違うのでしょうか？　ピラミッドの頂点になる行動は，あくまでもその時々の表面的な行動を意味しています。それに対して行動特性は，一つひとつの行動が習慣化・パターン化されている状態にあるわけです。そのため，誰かに言われたから，誰かがそこにいるからやっているという行動ではなく，誰かに言われるでもなく，誰かがそこにいるわけでもなく当たり前のように身についている行動こそが行動特性となります。とても身近でわかりやすい例としては，あいさつが習慣化されている子どもではないでしょうか。あいさつが習慣化されている子どもは，逐一あいさつを促されなくても当たり前のように日常的にあいさつができます。この状態こそ，あいさつをするという行動が行動特性になっていることを示しているのです。当初は，なんらかの意識を働かせて行動していたのですが，それが次第に特別な意識を働かせなくても，まるで息をするかのように当たり前に行動できるようになっていく……そんな行動の習慣化・パターン化のために働きかけるわけです。したがって，教師は習慣化・パターン化していってほしい望ましい行動が見られたとき，その行動についてほめます。児童・生徒はほめられることで，そのことを繰り返したり続けたりするようになり，それが習慣化・パターン化へつながっていくという流れが生まれます。一方で，先ほどのあいさつのような望ましい行動だけではなく，望ましくない行動をすることもあり得るでしょう。例えば，暴言や暴力，ゴミのポイ捨てなどが挙げられます。このような望ましくない行動を放置してしまえば，これもまた習慣化・パターン化につながってしまいます。そのため，教師は望ましい行動は行動特性になるよう働きかけ（ほめるなど），望ましくない行動は行動特性にならないよう働きかける（注意するなど）ことが求められているわけです。

さて，ここまでを簡単におさらいしてみましょう。【0－7】のピラミッドの右側面をご覧ください。例えば，その子は短気な性格だったとしましょう。しかし，その子はすぐにキレる人よりも腹が立っても我慢できる寛容な人になりたいと思っていたとします（価値観）。さらに，その上で自分には何ができればよいのかをとらえ始め，腹が立ってもぐっと我慢できるようになろうと意識し始めます（自己認識）。すると，イラッときてもぐっと我慢した日，ムカッときてもぐっと我慢した日……とそんな日々が続くようになるでしょう。それが，1週間，2週間，1か月，2か月……と，次第に当たり前のように我慢できている状態が生まれるわけです（行動特性）。こうなってくると，周囲からの評価も変わり始めます。「なんかアイツ，最近，まるくなったよな……」などと言われるようになると，それはその人が非認知能力の一つでもある自分と向き合う力（特に，忍耐力や自制心）が伸びてきたと評価されたことになるでしょう。そして，教師は，その人がこのような状態になっていけるために，価値観，自己認識，行動特性に対して働きかけていくことが求められるわけです。

4. 非認知能力の育成のあり方
―働きかけるとは？

　前節では，児童・生徒のなんらかの非認知能力を育成するために，価値観，自己認識，行動特性へ働きかけていくことを示しました。しかし，ここで注意が必要なのは，この「働きかける」ことに関して誤解してはならない点です。例えば，目の前に我慢が必要な子どもがいたとして，その子に対して「我慢しなさい！」と我慢させようとしたり，消極的になっている子どもに「積極的になろう！」とやたらと鼓舞したり，一人ぼっちになりがちな子どもに無理やり友達関係をつくらせようとしたり……こうした「押しつけ」ともいえる働きかけは非認知能力の育成にとって適切ではありません。なぜなら，私たちの内面に深くかかわる非認知能力は，外側から無理に価値観を植えつけられたり，自己認識や行動特性を強いられたりすることでは変容・発達していかないからです。非認知能力の育成に必要なのは本人が自らの中に持ち得る意識，周囲から持たせられるのではなく，自分から持とうとする意識によって変容・発達する可能性を有しているのです。だからこそ，児童・生徒が本人に必要な非認知能力を伸ばしていくためには，一人ひとりの児童・生徒が誰と出会い，どんな経験をして，そこから何を学んで自らの意識につなげられるかが重要になります。そのためにも【0−8】のように，教師は児童・生徒に対して押しつけではなく，きっかけとなるような「意識づけ」をしていくことが求められるのです。

　具体的には，児童・生徒の行動や表情，ちょっとした変化などを見取ってフィードバックするような「直接的な意識づけ」と授業や学校行事，特別活動などの教育活動による「間接的な意識づけ」があります。また，教師の意図的な働きかけ以外にも，児童・生徒の仲間関係の中で生まれる認め合いで

あったり，学校内外で出会うロールモデルの存在であったり，小学生の学童保育所や放課後子ども教室，中高生の部活動などの放課後の豊かな経験なども，児童・生徒が意識を持てるきっかけになることは言うまでもありません。

【0-8：非認知能力は自らの意識で伸ばす力】

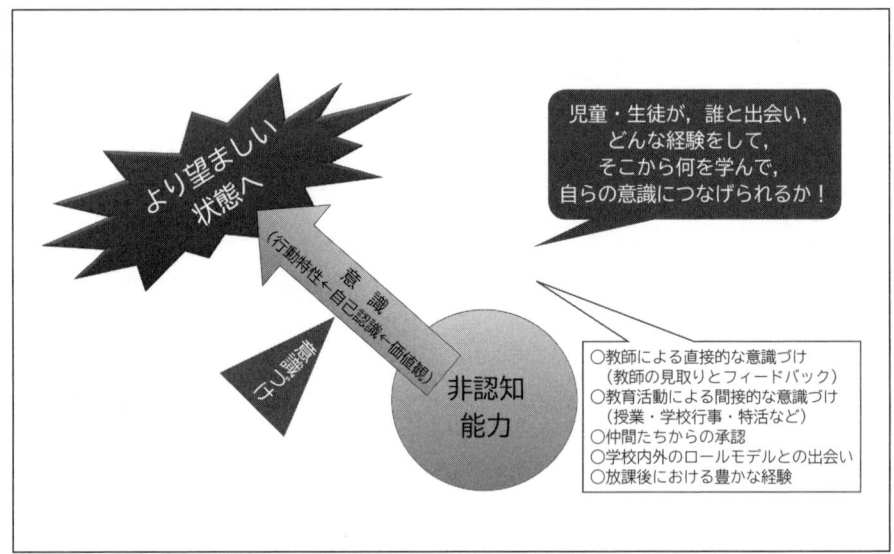

児童・生徒が，誰と出会い，どんな経験をして，そこから何を学んで，自らの意識につなげられるか！

○教師による直接的な意識づけ
　（教師の見取りとフィードバック）
○教育活動による間接的な意識づけ
　（授業・学校行事・特活など）
○仲間たちからの承認
○学校内外のロールモデルとの出会い
○放課後における豊かな経験

　教師による意図的な働きかけ（意識づけ）に関しては，先ほどの通り直接的な意識づけと間接的な意識づけの大きく２つに分類できますが，これまでの学校現場でとても大切にされてきた決して新しくないものであることを申し添えておきます。ただし，誤解を恐れずに指摘するならば，決して新しくない２つの意識づけではあるものの，これらを確かなものとして実践できていた教師とそうではない教師とに分かれてしまっていた……つまり，特定の「できる教師」の手によって体現されてきたものの，学校や自治体全体のものとして共有されてこなかったと考えられます。

　私は，この度の学習指導要領の改訂，特に「学びに向かう力，人間性等」の涵養については，できる教師の個人的な実践に依存するのではなく，チー

ム学校，チーム自治体として組織的に取り組むことが求められているのではないか，と解釈しています。そうであるなら，チーム学校，チーム自治体で組織的に児童・生徒の非認知能力を育成していくために一体何をしていけばよいのでしょうか？　次節で提案してこの章を締めくくりましょう。

5. チームで非認知能力を育成するために
―教育実践ステップ5.0

　それでは，この章の締めくくりとして，本書の最も重要なポイントとなる「教育実践ステップ5.0」【0−9】を紹介します。

【0−9：チームで取り組むための教育実践ステップ5.0】

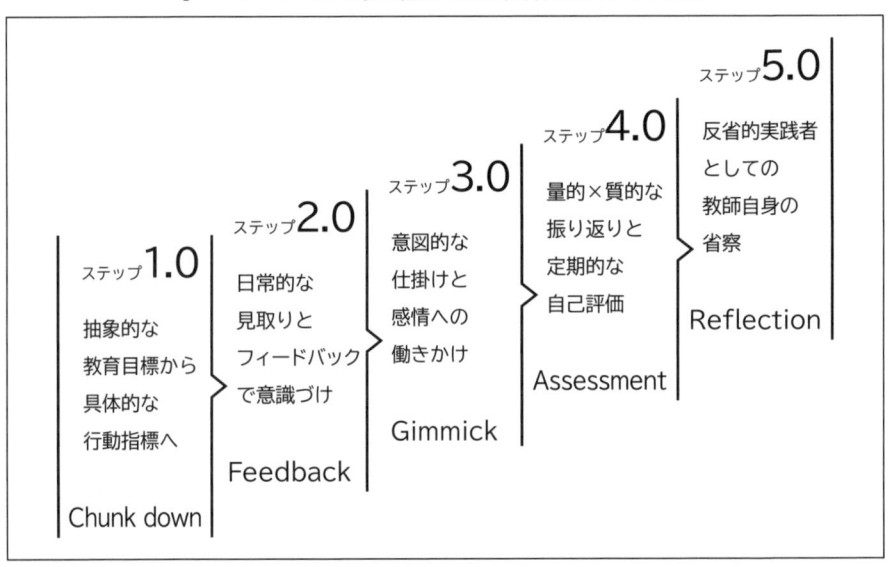

　この実践ステップは，児童・生徒の非認知能力の育成もさることながら，ひいては認知能力と非認知能力とを一体的に学校現場で育成していくために，個人の「できる先生」だけではなく，チームとして組織的に臨むことを段階化しています。そのため，いま，私たちの学校はどこのステップにいるのかがはっきりわかるだけでなく，次にどのステップへ進めばよいのかという見通しを持つこともできるのです。チームで取り組むからこそ，現状と見通しはみんなで共有されている必要があります。もちろん，この実践ステップ

5.0も，必ずしも正しいかどうかはわかりません。実際に，この5年間でアップデートを繰り返してきていますので，ひょっとしたら今後もアップデートは行われる可能性があるでしょう。この教育実践ステップ5.0を先生方にとって一つのきっかけにしていただきながら，先生方のチームのベストを探っていっていただければうれしいです。

　次の章からは，各ステップについての内容説明とともに，これまで取り組まれてきた各校での事例も紹介していきますね。

第1章

抽象的な教育目標から
具体的な行動指標へ

まずは，ステップ1.0から……

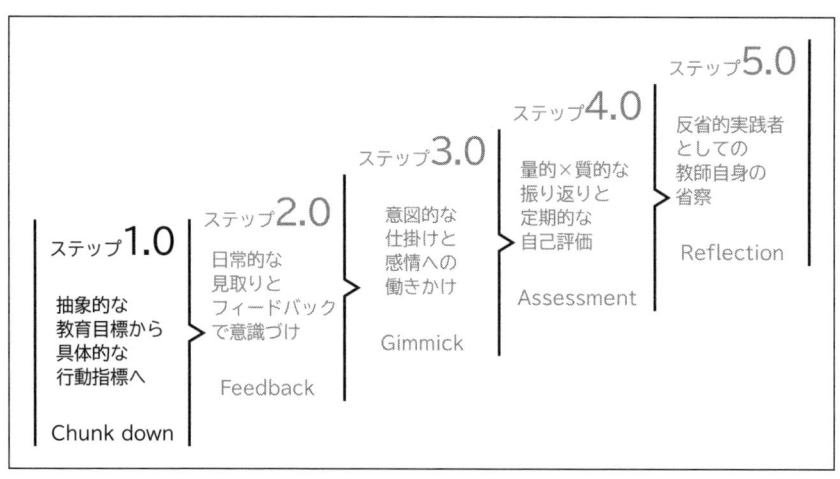

Chunk down

1. 学校教育目標が「絵に描いた餅」に なっていませんか？

> 「心豊かで　たくましく　やさしい子ども」
> 「主体的に学び，行動する生徒」
> 「自律　挑戦　協調」　　　　…などなど

　学校という場所は人格形成の場だけあって，校種を問わず各校で掲げられている校訓や校是，学校教育目標や目指す児童像・生徒像は，どこを見ても非認知能力についてふれられています。もちろん，幼保こども園に関しては言うまでもありません。つまり，各校の入り口にかかっている額にも，玄関前の石碑にも，「読み　書き　計算」や「学力向上」といった言葉が掲げられている状況は（私の知る限りでは）皆無だということです。

　繰り返しになりますが，非認知能力と言われている力が教育の現場において，決して新しくはない（むしろ古くから大切にされてきたもの）ということを実証している一つではないでしょうか。

　しかしながら，とても残念なことに，せっかく素晴らしい学校教育目標を掲げているにもかかわらず，「先生のお勤めの学校の学校教育目標はなんですか？」という問いについて，スムーズに答えてくださる先生が少なすぎる現状があります。いま，本書を読んでくださっているみなさんはいかがですか？　スムーズなお答えが可能ですか？　その一方で非認知能力という力に対しては，何か新しいものとして不安感や抵抗感などを抱かれてしまう方も学校現場にはいらっしゃいます。私からしてみると，そんな先生方に対して

は「先生がお勤めの学校の教育目標そのものなんですよ！」とお伝えしたい
ところです。また，仮に学校教育目標が先生方の間で共有されていたとして
も，その学校教育目標が具体的にどういうことを意味していて，どんな児
童・生徒の姿や行動を見取ることができれば，その目標に向かえているのか
（または，その目標に掲げられている非認知能力を育成することができたと
いえるのか）を明確にして共有できていない現状もあります。

　もちろん，教育目標そのものを共有できているだけ一歩先に進まれている
のですが，目標はあくまでも（決して点数化するだけではなく）なんらかの
形で評価できるから目標なんです。だからこそ，各校で教育目標を掲げるの
であれば，その目標を評価するための具体的な指標が必要不可欠といえるで
しょう。みなさんの学校はいかがですか？

　このように，各校の教員間で学校教育目標が共有されていなかったり，教
育目標に対する具体的な行動指標が共有されていなかったりすれば，どんな
ことが起きてしまうでしょうか？　そうです！　その学校教育目標が「絵に
描いた餅」になってしまうんです！　そんなことになってはいけませんよね。
では，そうさせてしまっている原因はなんでしょうか？　校長先生をはじめ
とした管理職の先生方のリーダーシップがないからですか？　管理職以外の
先生方のやる気がないからですか？　いずれも違います。こうした問題は，
よく民間企業でも起きてしまうのですが，そこに所属するみなさんにとって
目標を「自分事」にするための実際的な手続きを踏んでいないことに原因が
あるのです。

　先ほどの学校教育目標にしても，企業理念にしても，さらには私たちが
「がんばろう！」とか「もっと必死になっていこう！」とついつい言ってし
まうことも同じで，何をどうすればよいのか，何がどうなったらよいのかが
具体化されていないから，ぼんやりしたままになってしまうんです。また，

具体化されていたとしても，それをトップダウンで下ろされてしまうだけでしたら，結局のところ「他人事」になってしまいます。

　そこで，所属するみなさんがひざを突き合わせて，一緒になって「ああでもない，こうでもない」と議論しながら，抽象的な目標を具体的な指標へと落とし込んでいくプロセス（手続き）が必要になってくるわけです。ちなみに，このプロセスは「チャンクダウン」や「ブレイクダウン」と言われています。本書では，チャンク（抽象的な言葉の塊）をダウン（抽象度を下げて具体化していく）するということで，「チャンクダウン」の方を採用していますが，基本的にはいずれも同じことを指しているとご理解ください。

2. 学校教育目標を「絵に描いた餅」に　　しないために

　さて，先ほどのチャンクダウンがどういうことなのかについて説明を進めていきましょう。

　まずは，ウォーミングアップとして下図のように「ペットボトルの水をコップに入れる」という行動をできるだけ細かく，具体的な行動に分解してみましょう。そうですね，最初の行動を「ペットボトルを見る」から始めてみてください。最後の行動は「ペットボトルから手を離す」ですね。ペットボトルから手を離すと，ちょうど下の右側写真のようになります。

　それでは，ぜひ挑戦してみてください。解答例を次頁で紹介してみますので，最後は照らし合わせてみてくださいね。ひょっとしたら，みなさんの方がもっと細かく，具体的な行動に分解できているかもしれません。

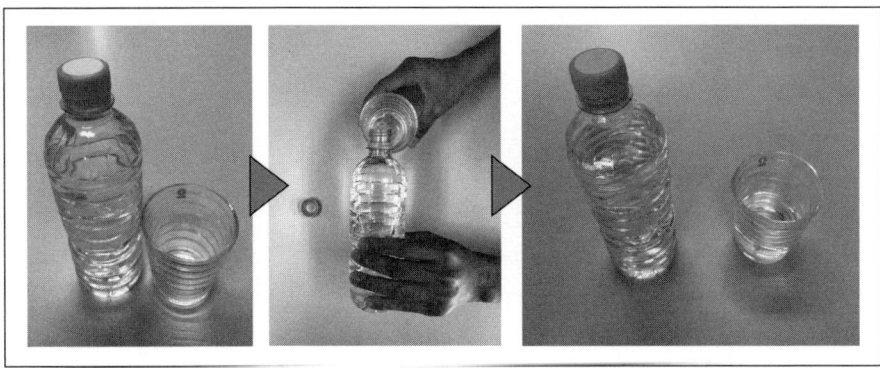

〈解答例〉

1　ペットボトルを見る
2　ペットボトルへ利き手の反対の手を伸ばす
3　ペットボトルをつかむ
4　ペットボトルを引き寄せる
5　利き手でキャップをつかむ
6　キャップを反時計回りに回して開ける
7　キャップをテーブルに置く
8　コップを見る
9　コップへ利き手を伸ばす
10　利き手でコップをつかむ
11　コップを引き寄せる
12　ペットボトルをコップの上に移動させる
13　ペットボトルの口を下にして傾ける
14　水が出てくる角度で止める
15　コップとペットボトルを交互に見る
16　水が適度に入ったらペットボトルを垂直に戻す
17　コップをテーブルの上に置く
18　利き手をコップから放す
19　キャップを見る
20　キャップへ利き手を伸ばす
21　利き手でキャップをつかむ
22　キャップをペットボトルの口まで移動する
23　キャップをペットボトルの口へかぶせる
24　キャップを時計回りに回して締める
25　キャップから手を放す
26　ペットボトルをテーブルの上に置く
27　ペットボトルから手を離す

いかがでしたか？　「ペットボトルの水をコップに入れる」という行動一つ分解してみても，これほどまでに細かく，具体的になることを体感していただけましたか？

　学校の教育目標のチャンクダウンについては，もちろんここまで細かく，具体的に分解するものでもありませんし，ここまでは到底できません。そのため，学校教育目標のチャンクダウンでは，少なくとも抽象的な学校教育目標を構成する非認知能力（構成要素）へ具体化（分解）した上で，その各構成要素となる非認知能力ごとにより具体的な行動（行動指標）へと具体化（分解）してみましょう。

　ちょうど【1－1】のようなイメージになるのですが，具体化する数については，もちろんこの限りではありません。

【1－1：学校教育目標を行動指標にまでチャンクダウン】

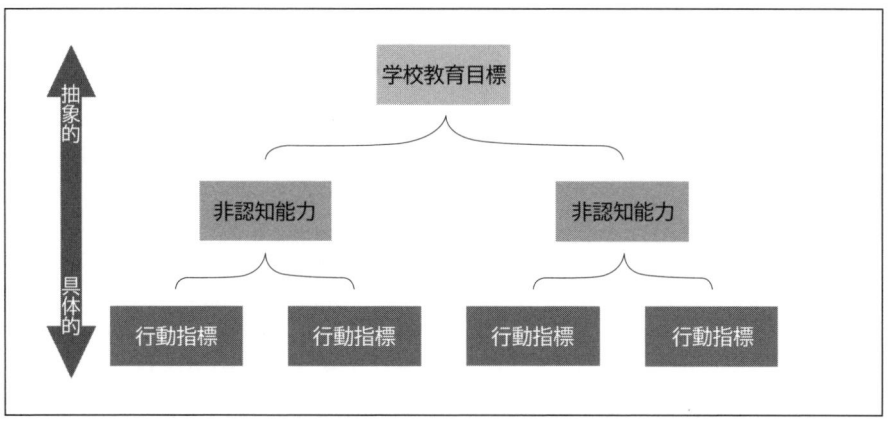

　例えば，先ほど例示した「主体的に学び，行動する生徒」については，【1－1】と同じように当てはまる場合もあります（【1－2】を参照）。

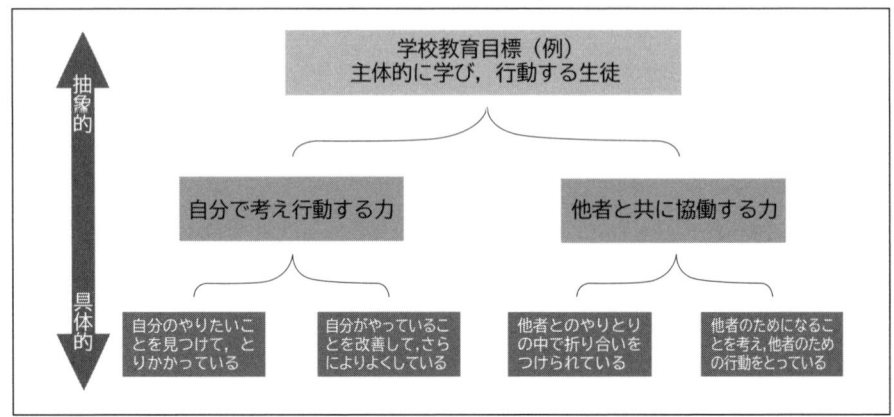

【1－2：主体的に学び，行動する生徒の場合】

　一方で，「心豊かで　たくましく　やさしい子ども」の場合は，教育目標として設定されている時点ですでに「心豊かさ」「たくましさ」「やさしさ」の3つが提示されているわけですから，それぞれについて非認知能力へと具体化していく方が妥当だと考えられます。ただし，このときに決してそれぞれの言葉について辞書で意味を調べて，書かれている意味の通りに具体化しなくても，本来の意味から逸脱しすぎない範囲であれば，そこに参加された先生方が実際にイメージする非認知能力へと具体化していけばよいのです。先生方が，お互いにどんなイメージを持っているのかについて言語化して共有できれば，それだけで職員間の意思疎通にもつながっていきます。

　このチャンクダウンの取組で最も大切なことは，できるだけ早くに完成品を作り上げることではなく，取組のプロセスで校内の先生同士が普段から持っているイメージや児童・生徒に対する見取りやかかわり，さらにはそこから垣間見えてくる児童・生徒観や教育観を共有することなのです。ぜひ，お互いに否定することなく，和気あいあいと取り組んでいただければと思います。もちろん，職員数と現実的な時間設定によっては，最後まで全員でできないかもしれません。学校の規模によっては，代表者や運営者が最後は取り

まとめをしなければならない場合もありますが，可能な限り取組のプロセスを大切にしていきましょう。

　さて，ということで「心豊かで　たくましく　やさしい子ども」は，例えば「心豊かさ→意欲」「たくましさ→忍耐力」「やさしさ→共感性」という３つの非認知能力に具体化することができるかもしれません。その上で，「心豊かさ→意欲」を具体化した行動指標を出してみると，以下のような３つの行動指標ができあがる場合もあります（【1−3】を参照）。この行動指標の数についても，必ずしも２つや３つというわけでもなく，これも先生方の議論の中で決めていってください。もちろん，構成要素となる非認知能力にしても，非認知能力ごとの行動指標も，多くなればなるほど同じことを違う言葉で表現しているだけのようなものを生み出してしまうおそれがありますので注意が必要です。そのため，あらかじめ個数を設定して取り組む場合もありますが，これらはあくまでも取り組む際のケース・バイ・ケースになります。

【1−3：心豊かでたくましくやさしい子どもの場合】

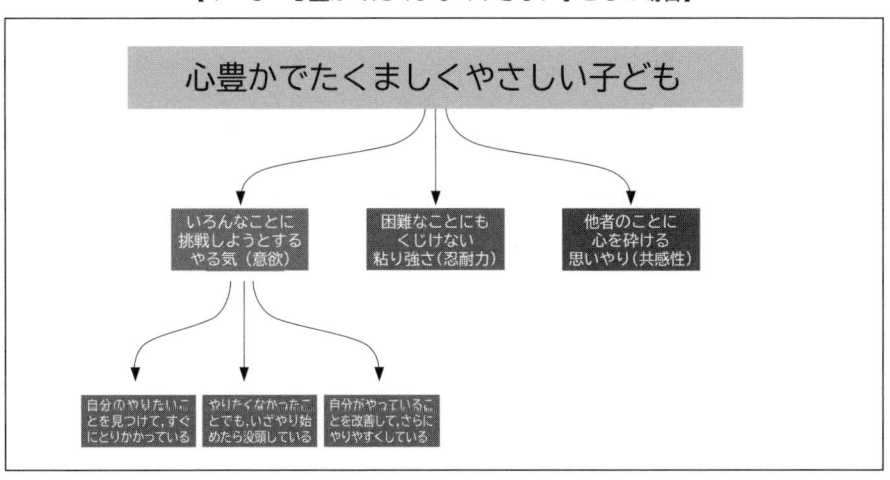

3. アイデアドーナツで抽象と具体の中間をつくる

　抽象的な学校教育目標を最終的に具体的な行動指標へとチャンクダウンするわけですが，この取組は難しくもあります。その理由の一つとして，個人で考えるのではなく，集団的に考えるからです。当然のことながら，チャンクダウンそのものは一人でやった方が完成するまでのスピードも上がることでしょう。特に，慣れた人が一人で取り組めばなおさらです。しかし，それでは学校教育目標を絵に描いた餅にしないというねらいを達成することはできませんし，チームで取り組んでいくという教育実践ステップ5.0のステップ1.0としても成立しません。やはり，職員集団で取り組むということに大きな意味があるのです。

　もう一つの難しい理由として，学校現場の先生方は，多くの場合，抽象と具体の中間をつくることに慣れていないという点が挙げられます。ここでの抽象というのは，先ほどから取り上げている学校教育目標などのことです。そして，具体というのは，構成要素となる非認知能力のことでもなければ，行動指標のことでもありません。日常的に先生方が見取っていらっしゃる児童・生徒の具体的な姿や出来事のことを指しています。特に，この具体のことをエピソードと呼んでいるのですが，先生方は多くの場合エピソードを出すことはとても得意です。言うまでもなく，日頃から目の前の一人ひとりの子どもに対して，丁寧にかかわろうとしている先生ほど，その専門的な力量は高いでしょう。逆に，一人ひとりの子どもに対して，雑にかかわってしまっていたり，児童・生徒の何を見取ればよいのかがわかっていなかったりする先生ほど，日常のエピソードを出すことに難しさを感じてしまいがちです。

チャンクダウンをすることで言語化してチームで共有したい行動指標というのは，抽象的でも指標になり得ないのはもちろんですが，具体的すぎても指標になり得ないのです。というのも，新人教師からベテラン教師まで，誰が見てもその子の教育目標の達成状況がわかるための行動指標にしなければならないからです。非認知能力は認知能力と違って，たしかに客観的な数値にして測定することができない能力として定義しましたが，数値ではなく指標としてできるだけ客観性を持たせることは可能なのかもしれません。そのためにも，新人からベテランまで，誰から見てもわかりやすい（客観性の高い）「行動による指標」をつくり出すことを想定しています。いわゆるパフォーマンス評価という考え方ですね。そのため，「最近，あの子の目が輝いてきたなぁ」という主観的な印象でも成り立たないし，「先週の国語の授業の物語で，２年１組の中山が，主人公と自分の思いを重ね合わせることができて，目に涙をためていたなぁ」という対象と場面が具体的すぎるエピソードも成り立たないことになるのです。そこで，抽象と具体の中間をつくる取組が必要になってきます。

　このような理由から，職員集団がひざを突き合わせて抽象と具体の中間となる行動指標を一緒につくり出していく……そんな取組ができるための具体的なツールとして「アイデアドーナツ」を提案しておきます。【１−４】（次頁）をご参照ください。構造的にはとてもシンプルなもので，模造紙などへ同心円をいくつか描いただけのものからスタートします。

　それでは，まずこの同心円の中心にみなさんが今回チャンクダウンしたい最も抽象的なものを記入してみてください。ちなみに，この中心部をステートメント（理念・目標）と呼んでいます。次に，中心部を複数に分解して構成要素をつくり出していきましょう。多くの場合，ここに学校教育目標を構成する非認知能力が挙がってくるはずです。複数に分解されることによって，カテゴリー（領域）ができますよね。ただし，上述した通りですが，構成要

素となる非認知能力の数が多すぎると，結局同じことを言ってしまっていたり，概念レベルが異なっているものを並べてしまったりという事態が起こってしまいますので，くれぐれも注意してください。もちろん，言葉によっては解釈も異なってきますので，明確な分類が難しいものもあります。

【1-4：アイデアドーナツ】

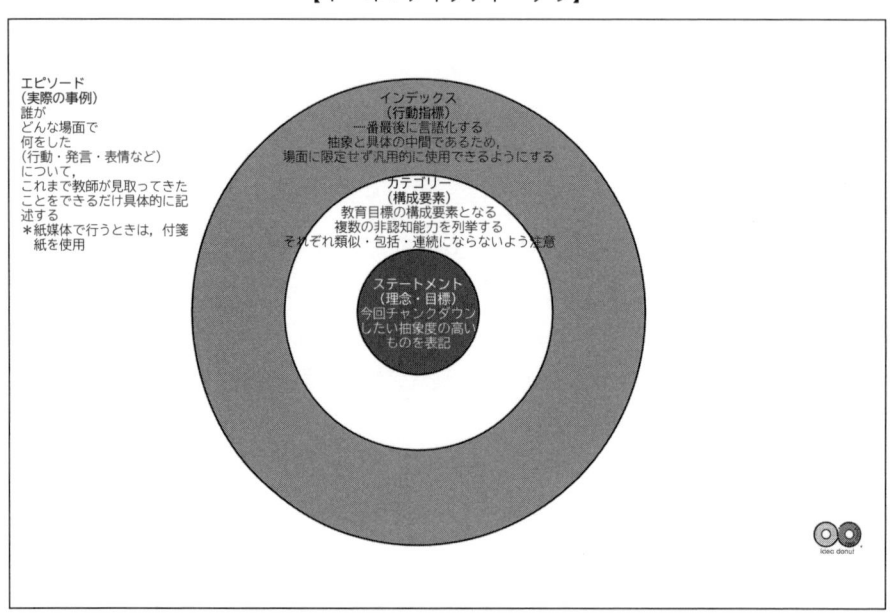

＊アイデアドーナツは，私とカンコーマナボネクト株式会社が共同で開発したツールです。

　ただし，次のような4つのケースになると，それぞれが独立した（混同しない）領域にならなくなってしまい，それ以降のチャンクダウンがとても難しくなってしまうので注意が必要です。

〈注意が必要な４つのケース〉

「やさしさ」と「思いやり」といった類似したものが並んでいるケース
→いずれも他者を慮るという意味で同様になってしまいます。

「やり抜く力」と「忍耐力」といった包括したものが並んでいるケース
→やり抜く力は忍耐力以外の力も含み込んでいる非認知能力になります。

「受容」と「承認」といった連続したものが並んでいるケース
→上の包括とも似ていますが，○○してから□□するといった連続性が
　見られます。

「論理性」や「計画力」といった非認知能力ではないものが挙げられて
いるケース
→ここでは非認知能力は内面に深くかかわる情動的または社会的な力を
　指しています。

　もちろんこの４つのケースに限りませんが，私がこれまでいろいろな学校
現場で取り組んできたチャンクダウンの事例から特に注意が必要な代表例を
紹介しておきました。繰り返しになりますが，何よりも重要な点はまずは児
童・生徒の内面に深くかかわる変容・発達可能な非認知能力であることであ
り，その上でお互いが類似したり，包括したり，連続したりすることで，そ
れぞれの領域として独立していない状態をつくらないことです。もし，難し
そうでしたら，慣れるまでは「自分の情動にかかわる非認知能力」と「他者
との関係にかかわる非認知能力」の２つだけに分けて領域化することをおスス
メします。

学校教育目標を構成する複数の非認知能力で領域化した上で，今度はそれぞれの非認知能力について，先生方が日々かかわっていらっしゃる児童・生徒のエピソードを一番外側のところへ記入していきます（模造紙で取り組まれる際は，付箋紙の利用をおススメします）。すでにおわかりのことと思いますが，この同心円は外側に向かえば向かうほど，具体的（抽象度が下がる）になっていきます。そのため，一番外側に，児童・生徒の最も具体的なエピソードを書き出していってください。このとき，先ほどの非認知能力とのマッチングが必要です。例えば，「思いやり」や「共感性」といった領域には，児童・生徒が実際に他者を思いやってあげられていた出来事が書かれなければなりません。「○○が，昼休みのときに，困っている友だちに声をかけることができていた」「△△が，授業中に落ちていた消しゴムを拾ってあげられていた」などが該当しますね。一方で，「授業中に積極的に発表していた」になると，むしろ「やる気」や「意欲」の方に該当することになるでしょう。つまり，教師が日常的にどのような観点を持って児童・生徒の姿や行動を見ているのかが，思い切り問われてくるわけです。そして，このエピソードを書き出す際には，できるだけ具体的であってほしいため，ぜひ「誰が」「どんな場面で」「何をした（行動・発言・表情など）」を意識して書いてみてください。単に「がんばっていた」とか「やさしかった」といった雑な書き方では，エピソードとしてふさわしくありませんし，厳しいようですが教師自身の専門性が疑われてしまいます。この点は，くれぐれも注意しておいてくださいね。

　実際に，私がこれまで取り組んできた学校現場では，先生方が1つのエピソードを1枚の付箋紙に書き出していき，それぞれの非認知能力と紐づけながら模造紙の外側に次々と貼っていきます。おおむね4〜5人程度のグループ（目的に応じて，学年ごと，縦割りのクラスごと，教科ごと……など多岐にわたります）のワークショップ形式で行うのですが，15〜20分後には，すっかり模造紙の外側が付箋紙に埋め尽くされている状況が少なくありません。

先生方が丁寧に子どもたちを見取っていらっしゃることがとてもよくわかり，うれしくなってきます。さらに，それをグループ内で共有し始めると，「あの子，そんなことがあったんですか⁉」とか「先生，よくそんなことまで見ていましたね！」といった声があちこちから上がってくるのです。そんな光景を見ながら，これこそこのアイデアドーナツの醍醐味だと実感を強めてしまいます。こうやって，校内の児童・生徒の姿をエピソードベースで共有できたり，先生同士がどんなまなざしで児童・生徒を見取り，かかわろうとしているのかを共有できたりすることが，最近の職員室ではめっきり減ってきた……そんな問題状況の改善にもつなげられたらと願っています。

　さて，それぞれの非認知能力（領域）に合わせてエピソードを書き出すことができ，職員間で共有していく中で，対象や場面は違っていたとしても，同じ（もしくは，似たような）行動や姿のことを書き出している場合があります。言い換えるなら，対象や場面は違うけど，同じグループにできるエピソードを見つけてみてください。例えば，先ほどの「思いやり」や「共感性」でしたら，「○○が，昼休みのときに，困っている友だちに声をかけることができていた」「△△が，授業中に落ちていた消しゴムを拾ってあげられていた」がありましたよね。対象も場面も異なるエピソードですが，「相手の困っていることや助けが必要なことに気がついて，そこにふさわしい手助けができている」という点は同じことではないかと判断できれば，そのグループに適応するほかのエピソードもまとめていけばよいのです。そして，できあがった一つの行動指標として，「相手の困っていることに気づいて，必要な助けができる」といったものになるかもしれませんね。どうしても婉曲的な言い方をしてしまっているのは，決してこの限りではないからです。上述しましたが，これが正解というものはないため，最終的に大切なことは校内の先生方の合意と，以降に先生方が継続的に活用できるものであるかどうかなのです。そのため，行動指標として出されるものは，それぞれの学校によって異なります。ただし，それぞれに違っていてもよいのですが，アイ

デアドーナツを使って抽象と具体の中間に位置づく行動指標まで言語化する上では，新人からベテラン問わず，そこにいる先生方が「この行動指標ならどの先生も見取ることができる」という点だけは判断基準として持っておいてくださいね。

　また，それぞれの非認知能力の領域ごとに複数の行動指標がグループとしてまとめられていくわけですが，できあがったものをみなさんでご覧いただき，それぞれの行動指標が「並列（水平）」の関係にあるのか「段階（垂直）」の関係にあるのかも判断してみてください。例えば，先ほど例示した行動指標でしたら「相手の困っていることに気づいて，必要な助けができる」に対して，「自分が困っていることに対して，すすんで相手に助けを求めることができる」という行動指標もあったとします。この２つでしたら，それぞれが別々の状況と行動を示しているため，「並列（水平）」の関係として並べることができます。一方で，「相手の困っていることに気づいて声をかけることができる」と「相手の困っていることのために必要な助けができる」の２つだとどうでしょう。相手が困っているという状況がつながっていますよね。さらに，相手の困っていることに気づいた上で声をかける段階から，必要な助けができるという次の段階へとつながっていきます。したがって，この２つの行動指標は「段階（垂直）」の関係になるでしょう。このように段階化された行動指標が「ルーブリック」と呼ばれているのは，みなさんもよくご存じだと思います。「並列（水平）」と「段階（垂直）」のどちらがよいというわけではないのですが，これもみなさんが作成されていく過程でどちらを実際の現場で求めているのかにもかかわってくるでしょう。

　繰り返しになりますが，大切なのは当事者である先生方の合意形成と継続的な活用可能性であることを忘れずに，このステップ1.0（アイデアドーナツを使って行動指標までチャンクダウン）を実際に取り組んでみてください。

4. 小学校，中学校，高等学校，自治体での挑戦事例

(1)小学校の事例―岡山県玉野市立玉原小学校

　岡山県玉野市立玉原小学校では，「自学と共生のたまはらっこ」を学校教育目標として掲げています。この学校教育目標をいざチャンクダウンしようとしたとき，忘れもしないコロナ第6波が押し寄せてきていました。その結果，同じ岡山県内ではあったもののリモートでの実施となりました。このとき，私も初めてリモート形式でアイデアドーナツを使ったワークショップに臨み，少なからず不安な思いでした。しかし，玉原小学校の先生方はアイデアドーナツを描いた模造紙へあっという間に付箋紙いっぱいにしていました。そのときの光景は忘れられません。

　玉原小学校の場合は，「自学：自ら学ぶことのできる」と「共生：共に生活ができる」という抽象的な目標が2つあったため，アイデアドーナツもそれぞれに作ってみました。特に「共生」の方では，先生方が「安心感」を強く掲げられていたのですが，私から非認知能力としては微妙ではないかという指摘をしたところ，学校の現状を見たときに一番必要なことなんだという回答をリモート上でいただいたのです。まさに，これこそいまの学校に責任を持ってかかわる先生方の合意形成だなと胸を打たれました。その結果，「自学」は「意欲と忍耐」，「共生」は「安心感とコミュニケーション力」となって，2つのアイデアドーナツ（次の図は共生の方のみでエピソードは簡素化したもの）が約2時間かけてできあがりました。できあがった行動指標は段階の関係にあったため，最終的には次の樹形図にして表現でき，チーム

玉原の先生方と共有することができたのです。

〈岡山県玉野市立玉原小学校「共生」のアイデアドーナツ〉

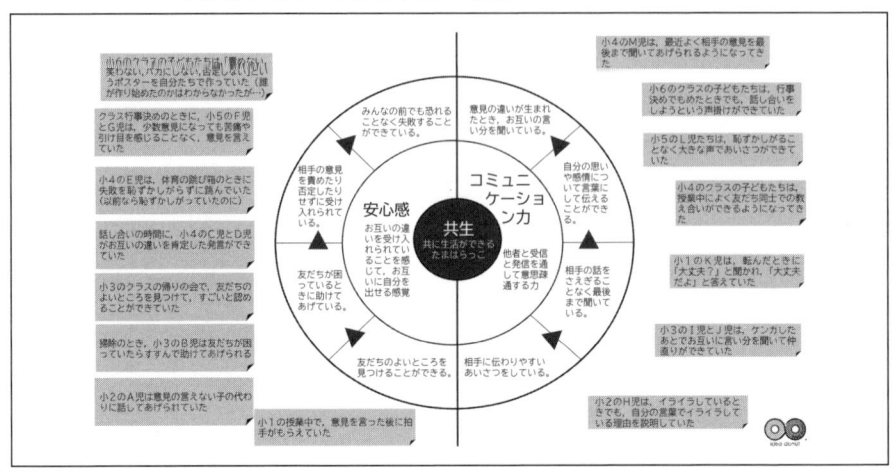

〈岡山県玉野市立玉原小学校「自学と共生」の行動指標〉

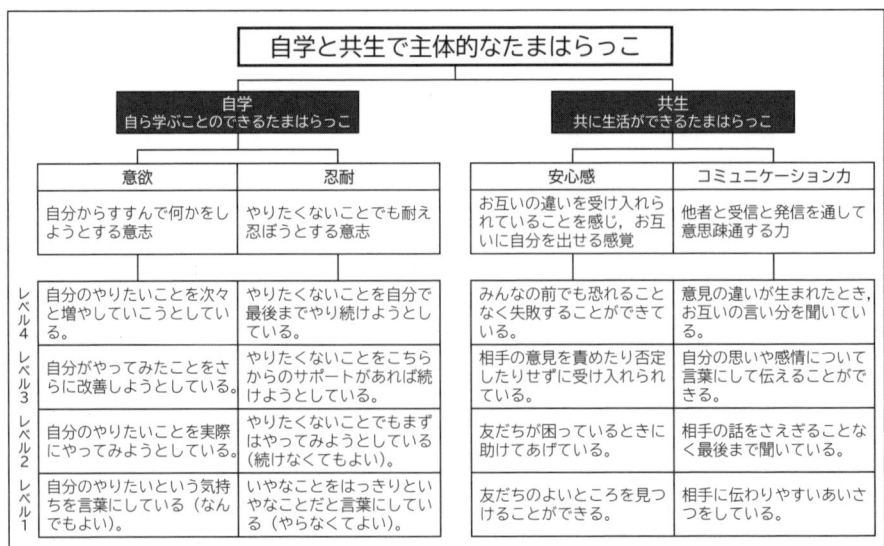

	自学 自ら学ぶことのできるたまはらっこ		共生 共に生活ができるたまはらっこ	
	意欲	忍耐	安心感	コミュニケーション力
	自分からすすんで何かをしようとする意志	やりたくないことでも耐え忍ぼうとする意志	お互いの違いを受け入れられていることを感じ，お互いに自分を出せる感覚	他者と受信と発信を通して意思疎通する力
レベル4	自分のやりたいことを次々と増やしていこうとしている。	やりたくないことを自分で最後までやり続けようとしている。	みんなの前でも恐れることなく失敗することができている。	意見の違いが生まれたとき，お互いの言い分を聞いている。
レベル3	自分がやってみたことをさらに改善しようとしている。	やりたくないことをこちらからのサポートがあれば続けようとしている。	相手の意見を責めたり否定したりせずに受け入れられている。	自分の思いや感情について言葉にして伝えることができる。
レベル2	自分のやりたいことを実際にやってみようとしている。	やりたくないことでもまずはやってみようとしている（続けなくてもよい）。	友だちが困っているときに助けてあげている。	相手の話をさえぎることなく最後まで聞いている。
レベル1	自分のやりたいという気持ちを言葉にしている（なんでもよい）。	いやなことをはっきりといやなことだと言葉にしている（やらなくてよい）。	友だちのよいところを見つけることができる。	相手に伝わりやすいあいさつをしている。

⑵中学校の事例—京都府宇治市立東宇治中学校

　京都府宇治市立東宇治中学校では,「命を輝かす人間」を学校教育目標として掲げています。東宇治中学校でも, この目標を行動指標にしていくために, ワークショップを行いました。今度は対面式だったので, 模造紙を使って, 私の目の前で先生方が取り組まれたのですが, 最大の壁は「命を輝かす人間」という学校教育目標が,「チョー」がつくぐらい抽象的だったことです。どうやってこの抽象度の高い目標を行動指標まで……と悩ましかったのですが, 一人の国語の先生が「命が輝く」ではなく「命を輝かす」という表現に着目されたことをきっかけに, ２つの非認知能力（構成要素）を先生方と見出すことができました。カテゴリーになり得る「向上心」と「協働性」というそれぞれの非認知能力について, 丁寧に定義づけを行い, そこからは付箋紙によるエピソードの書き出しへ……。無事に行動指標（段階の関係）をつくることができました。

〈京都府宇治市立東宇治中学校のアイデアドーナツ〉

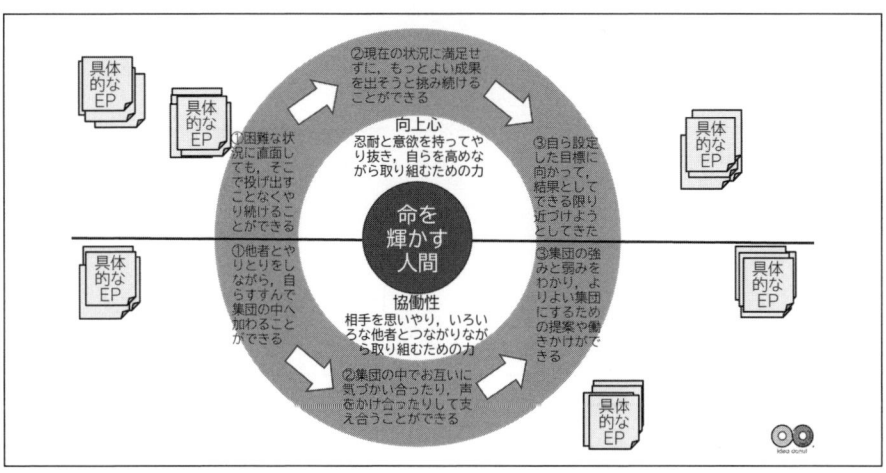

⑶高等学校の事例―福岡県立糸島高等学校

　高等学校でも公立・私立問わずアイデアドーナツによる学校教育目標のチャンクダウンが行われています。公立高校の場合は，教員数も多くて，なかなか一堂に会してアイデアドーナツに取り組むということが難しい学校も少なくありません。そのようなときには，まずは実行委員会形式で有志の先生方でチャンクダウンをして，そちらを踏まえてほかの先生方へ提案して合意形成を図るという方法をとられている学校もあります。

　例えば，福岡県の中でも歴史と伝統のある福岡県立糸島高等学校が代表的な例になるでしょう。

〈福岡県立糸島高等学校のアイデアドーナツ〉

困難なことにぶつかっても，投げ出さずに取り組み続けられる

成功したとき，その成功を喜び，自分の何がよかったのかを言葉にできる

様々な状況の中で，自分は何をすべきなのかを理解した行動ができる

目標に向かって，戦略や計画を立てて，着実に進めていくことができる

自分を知り，自分の力を信じて，前向きに行動できるための力
自尊心

自主
積極

相手のことに注意を向けて，助け合うための言葉かけや振る舞いができる

自分たちと地域社会とのつながりを理解し，地域社会に貢献するための取組ができる

共生心
相手を思いやり，お互いのよさを生かし合って貢献・協働できるための力

相手と自分との違いを理解し，お互いの強さを生かし，弱さを補うことができる

集団で行動するためのルールやきまりを守り，みんながスムーズに動くことができる

⑷高等学校の事例─岡山県井原市立高等学校

　また，教員数が小規模でしたら，もちろん先生方全員で取り組むことができます。岡山県井原市立高等学校で完成した樹形図もご参照ください。

〈岡山県井原市立高等学校の樹形図〉

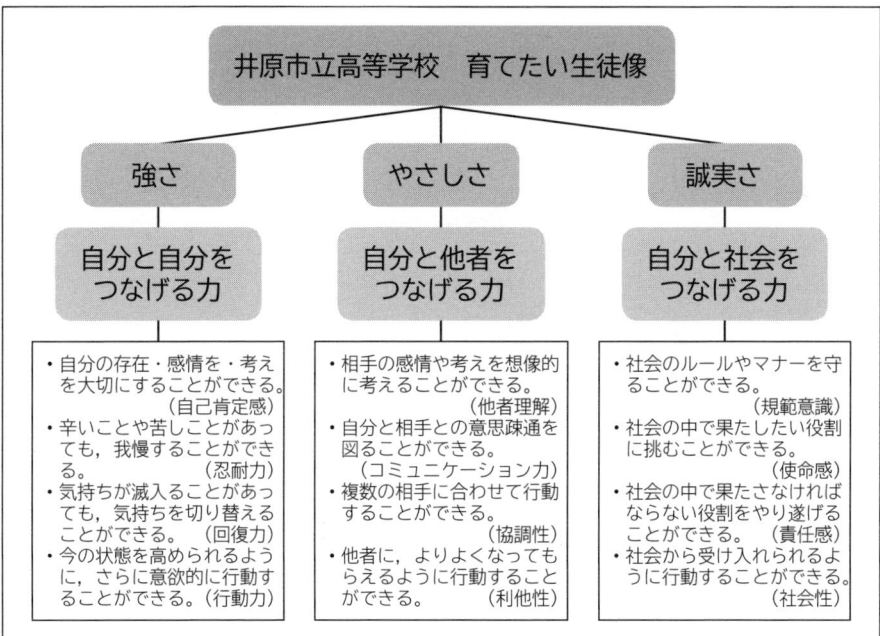

⑸高等学校の事例─島根県立正大学淞南高等学校

　私立高等学校でも，現在各校でこうした取組がなされています。特に，私立ゆえにインパクトがある表現を取り入れている学校も少なくありません。その一例として島根県の立正大学淞南高等学校の事例を紹介しておきます。

淞南高等学校でバランス感覚のあるリーダーを育てる！
SBL に必要な３つの力と９つの行動

	３つの力	９つの行動
S	先へ進む力	自分の強みを知っていて，その強みを表現することができる
		自分ならできるという思いを持って，実行に移すことができる
		全体をよりよくするために他者を巻き込み，共に取り組むことができる
B	ブレない力	守る必要のあるルールはしっかりと守ることができる
		自分がやらなければならないことをもれなくやることができる
		しんどいことや辛いことがあっても最後までやりきることができる
L	LINKの力	相手のことに気を配り，相手に対して適切な声かけや働きかけができる
		周囲が求めていることに気づいて，その要求に応じた行動ができる
		学校，地域に対して感謝と貢献の気持ちを持って，行動に移すことができる

⑹自治体の事例—大阪府茨木市

　「一人も見捨てへん教育」という方向性で長年取り組んでいる大阪府茨木市は，まさに市全体で非認知能力の育成を取り組んでいる自治体の一つです。茨木市では，学力を下支えする力として「茨木っ子力」という（抽象度の高い）非認知能力を掲げました。その上で，現在進行中の第５次計画「茨木っ子プラン　ネクスト5.0」の中では，この「茨木っ子力」を「ゆめ力・自分力・つながり力・学び力」という４つの具体的な非認知能力にした上で，さらに４つの非認知能力を３つずつに具体化した計12項目についてそれぞれ４つずつの行動指標の明示を試みたのです。その結果，ルーブリック化した行動指標ができあがりました。しかし，合計48もの行動指標を市内の小中学校と共有したとしても「行動指標　明らかに多すぎ問題」が起こってしまいます。

　そこで，逆に48ある行動指標を有効に活用すべく，各小中学校で上述した（最も難しい）抽象と具体の中間に位置づく行動指標を作成する際の参考として活用することにしたのです。これだけの行動指標があれば，各校でエピソードを書き出した後に，いくつかのグループへまとめ，最終的に言語化する際に「茨木っ子」の行動指標と見比べてみるわけです。すると，まるごとコピーやいくつかの組み合わせが可能になりました。ただし，いきなりそのようなことを各校で取り組むことは難しいので，教育委員会の指導主事の方々が別途アイデアドーナツを使ったチャンクダウンのワークショップの方法をマスターして，各校へ赴けるようにしたのです。

　現在，このやり方で茨木市内の小中学校のあちこちで茨木っ子力を踏まえた各校オリジナルの行動指標ができあがってきています。

2020.02.07時点

茨木っ子力

ゆめ力

	未来に向かって，努力できる力	
定義		
目指す姿	夢や目標をもつことができる（目標設定）	夢や目標に向けて挑戦
ステップ4	夢や目標を実現するためにやるべきことが分かっている	実際に課題を解決する中で夢や目
ステップ3	具体的な夢や目標を持つことができている	夢や目標に向けてより具体的な課
ステップ2	抽象的ではあるが，夢や目標を持つことができている	夢や目標を意識した特定の課題に
ステップ1	夢や目標を持つことに意味があることを理解できている	夢や目標のためには挑戦しなけれ
育むために	ゆめ力を高めるために，自分らしい夢や目標を持つことの大切さを伝	

自分力

	自分と向き合い，高める力	
定義		
目指す姿	自分のことを肯定的にとらえることができる（自尊心・自己有用感）	自分の感情をコント
ステップ4	人の役に立っている自分のことを肯定することができている	場面に応じて感情のコントロール
ステップ3	自分がやってきたことを具体的に肯定することができている	いろんな場面で感情のコントロー
ステップ2	自分自身を全体的に肯定することができている	感情が動きやすい特定の場面で感
ステップ1	自分自身を否定しないことができている	自分の感情の動きを自覚すること
育むために	自分力を高めるために，子どもに行動の振り返りをさせたり，	

つながり力

	他者を思いやり，つながる力	
定義		
目指す姿	他者と協力して取り組むことができる（協力）	他者の意見や考えを受け
ステップ4	一緒に取り組む中で,お互いの強みを生かし弱みを補うことができている	自分と他者の意見や考えの違いか
ステップ3	一緒に取り組む中で,お互いに思いや意見をやりとりし合うことができている	他者の意見や考えを受け入れるこ
ステップ2	各自の思いが優先されているが，一緒に取り組むことができている	他者の意見を聞いて，違いがある
ステップ1	一緒に取り組んではいないが，単独で取り組むことはできている	他者の意見を受け入れないが，自
育むために	つながり力を高めるために，他者と協働して取り組む場面を	

学び力

	興味関心を広げ，意欲的に学ぶ力	
定義		
目指す姿	様々なことに興味関心を持つことができる（興味関心）	疑問や不思議に感じたことを解決
ステップ4	興味関心を持った物事についてさらに探究することができている	問題解決のために適した手段を取
ステップ3	もっと様々なことに興味関心を広げることができている	疑問や不思議に感じたことを解決
ステップ2	自分の好きなことから興味関心を広げることができている	出会った様々なことに疑問や不思
ステップ1	自分の好きなことには興味関心を持つことができている	目の前のことに疑問や不思議を感
育むために	学び力を高めるために，子どもの興味関心につながるような場を設定	

★4つの力のステップ下段には，「育むために」として，子どもたちが非認知能力を高めていくために，大人

第5次プランで育みたい非認知能力

することができる（チャレンジ）	あきらめず最後まで取り組むことができる（継続・レジリエンス）
標に近づくことができている	途中で失敗や困難が多くても最後まで取り組むことができている
題に挑戦できている	途中で失敗や困難が少なければ最後まで取り組むことができている
挑戦できている	途中であきらめたとしても，一定期間持続して取り組むことはできている
ば始まらないことを理解できている	夢や目標のためにあきらめないことが大切だと理解できている
えたり，結果ではなく，がんばっている姿や行動を認めてあげることが大切です。	

ロールできる（自己抑制）	自分の考えや判断に自信を持つことができる（自信）
ができている	自信を持って，場面に応じた考えや判断ができている
ルができている	いろんな場面で自分の考えを持ち，判断ができている
情のコントロールができている	考えや判断ができやすい特定の場面で自分の考えを持ち，判断ができている
ができている	人の考えに頼りながら自分の考えを持ち，判断ができている
子どものことを大切に見ているというメッセージを伝えることが大切です。	

入れることができる（リスペクト）	自分の考えや気持ちを他者に伝えることができる（コミュニケーション）
らより良いものを生み出すことができている	自分の考えや気持ちを他者に配慮しながら伝えることができている
とができている	自分の考えや気持ちを他者がわかるように伝えることができている
ことを理解できている	自分の考えや気持ちを一方的に伝えることができている
分の意見を伝えることができている	伝えるまではいかないが，自分の考えや気持ちを持つことができている
設定し，友だちと力を合わせている様子を認めてあげることが大切です。	

するために行動することができる（課題解決）	学びや経験を新しい考えや行動につなげることができる（振り返り力）
り，解決することができている	学びや経験から新しいことへ発展・創造することができている
するために行動することができている	学びや経験を新しい考えや行動につなげることができている
議を感じることができている	振り返りによって学んだことや経験したことを言葉にできている
じることができている	体験したことを振り返ることができている
し，課題に取り組んだり，自分を振り返っている様子を認めてあげることが大切です。	

側が大切にしていきたい内容を示しています。

5. チームとしての軸を作るための ステップ1.0

　みなさん，ステップ1.0はいかがでしたでしょうか？　先ほどご紹介した小中高及び自治体の事例はほんの一部です。全国各地でこのような取組が広がってきていることで，学校教育目標を絵に描いた餅にならない日が少し近づいてきたように思います。ステップ1.0によって，チーム学校・チーム自治体の具体的な手続きを進めることができるようになったのではないかと思います。また，この手続きを進める中で，先生方だけでなく，児童・生徒も一緒になって行動指標を作っている学校や自治体まで登場してきています。学校教育目標を絵に描いた餅にしない学校や自治体は，結局のところこうした目標や行動指標が，まるで合言葉のようになっているのが特徴的です。その合言葉も，先生方の中だけで発せられているのではなく，子どもたちの中でも同じように発せられている……そんな学校や自治体であれば，もはや絵に描いた餅になりようがありませんね。

　また，自分たちのものになればなるほど，それはチームとしての軸になったことを意味しています。ぼんやりとしたイメージのままで共有されている段階では，ふにゃふにゃな軸かもしれませんが，行動指標に至るまで明確に言葉になって共有されている段階になれば，その軸はとてもしっかりとした軸となってチームで共有されることでしょう。さらに，その軸は変えていくこともできます。目の前の児童・生徒が変わり，先生方も変わっていく……そうなれば目指す学校教育目標だって，行動指標だって変わっていくことが求められるのです。そのときには，変化を恐れずにチームの軸をアップデートしていきたいですね！

さて，前章でご紹介した教育実践ステップ5.0のほとんどが，実はすでにみなさんが学校現場でなんとなく実行されていることではないでしょうか。しかしながら，本章の冒頭でも述べた通り，抽象的な学校教育目標を具体的な行動指標にまで言語化していくという，このステップ1.0についてチームで取り組んでいるところは，とても少ない現状にありました。でも，それは言い換えるならば，このステップ1.0さえ乗り超えてしまえば，以降のステップ2.0から5.0までは比較的スムーズにステップアップしていけるということでもあるのです。世の中の多くは初動が一番大変です。慣れないことかもしれませんが，ぜひこのステップ1.0をチームで乗り越えていただき，みなさんの学校の学校教育目標を焼き直してみてくださいね。

第2章

ステップ2.0

日常的な見取りと
フィードバックで
意識づけ

次は，ステップ2.0で……

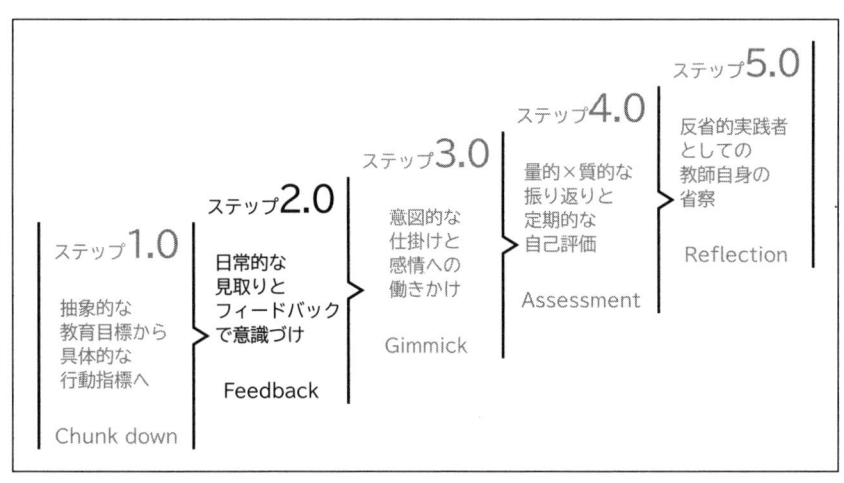

Feedback

1. 直接的な意識づけはまず見取りから

　第０章でも，児童・生徒の非認知能力を伸ばすきっかけとして「意識づけ」という可能性について提案しました。非認知能力とは，あくまでも私たちの中で，私たちが自ら意識することで変容・発達させていく力であるということが前提でした。そのため，教師が「こうしなさい」「こうすべきだ」などと一方的に押しつけているのでは，児童・生徒の非認知能力を育むことはできない，だからこそ意識づけによってきっかけをつくることが重要でしたね。そして，その意識づけにもほめたり注意したりすることで直接的に意識づけをする「直接的な意識づけ」となんらかの教育活動によって間接的に意識づけができるような「間接的な意識づけ」の２つがありました。次の章のステップ3.0では，間接的な意識づけの方を重点的に説明していきますが，この第２章のステップ2.0では，直接的な意識づけについて説明を進めていきましょう。

　改めて，直接的な意識づけでは，子どものよい習慣になりそうな行動を見つければ，その行動についてほめたり，感謝を伝えたりすること（ポジティブフィードバック）でその子の「これからも続けていこう」という意識につなげていければよかったですよね。一方で，子どもの悪い習慣になりそうなやめてほしい行動を見つければ，その行動について注意をして，その子の「これからは気をつけよう」という意識につなげていければよかったですよね。シンプルに言うなら，「ほめて伸ばす」「注意してなおす」ということでしょうか。この２つをそれぞれベクトルで表すと【２−１】のようなイメージになります。

【2−1：ほめて伸ばすと注意してなおす】

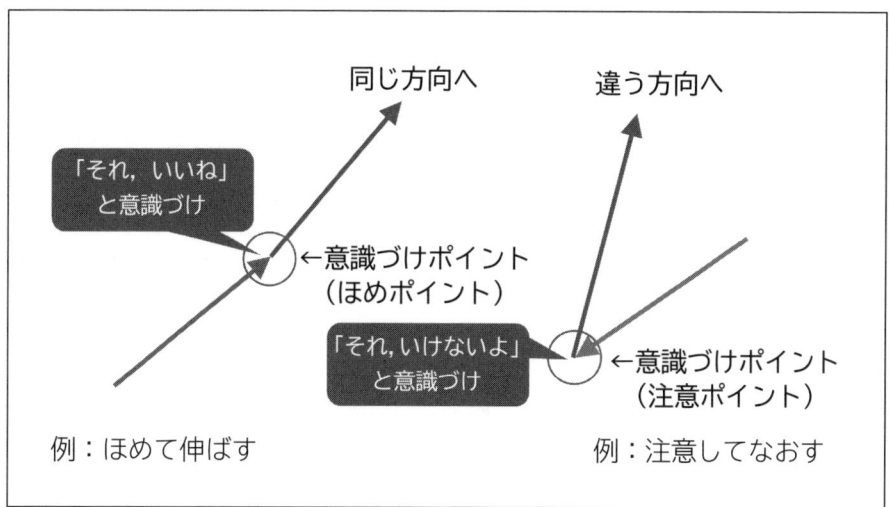

いかがでしょうか？　こうしてみると，ほめて伸ばす方がやっぱり伸ばしやすいんだろうなぁって思いませんか？　だって，文字通り同じ方向に伸ばそうとするわけですもんね。注意してなおす方は子どもも大人も大変です。だって，方向を変えなければならないわけですから……。もちろん，すべてにおいてほめて伸ばすことだけできればよいのですが，目の前で悪い習慣になりそうな行動を見つければ，それは注意してやめさせる必要があります。特に，自他の身体に危害が加わるときや相手の人権を侵害するときなどは，教師として大人として毅然とやめさせることが求められるでしょう。当然のことながら，その際に体罰のような方法は許されるものではありませんが，同時に認識していながら容認するのもまた許されるものではありません。ということで，学校現場で先生方は，できるだけほめて伸ばしながら，必要なときには注意してなおすという直接的な意識づけに勤しんでいらっしゃるわけです。いずれにしても，直接的な意識づけにとって大切なことは，子どもたちの何を意識づけするのかという「意識づけポイント」です。先ほどの通り，私たちは子どもたちに対して，このまま続けてほしい行動を見つけるか

らほめて，二度とやらないでほしい行動を見つけるから注意しています。どちらの場合であっても，この意識づけたいこととして見つけたことを「意識づけポイント」，その中でもほめたいポイントは「ほめポイント」，注意したいポイントは「注意ポイント」と呼ぶことにしましょう。このポイントを見つけられなければ，私たちが子どもたちに直接的に意識づけることはできません。まずは，意識づけたいことを見つけること……よく学校や幼保こども園では，このことを「見取る」という言葉を使っていますね。私もすでに前章で当たり前のように使っていた言葉です。

　教師の見取りという言葉，学校現場にいればどこかしこで耳にしたり目にしたりする言葉です。しかし，一般的には「見」取りではなくて，「看」取りという言葉の方がよく使われます。使っている業界がだいぶ違ってきますが……。学校の教師たちが使っている見取りとは，先ほどのように児童・生徒に対してほめたり注意したりするときの意識づけポイントを見つけるときによく使われていますが，この見取りは単に「見つける」という意味だけではなさそうです。例えば，授業中に児童・生徒を見取るとしましょう。たしかに，「今日の○○は，いつもよりもおとなしいな」とか「最近，△△は授業中に寝ることもなくなって，集中できるようになったな」といった具体的な姿や行動，いつもとの違いや最近の成長・変化などを見つけます。前章で紹介したエピソードそのものですね。ただ，その上でこんなことを教師は考え始めるのではないでしょうか。「どうして今日の○○はいつもよりおとなしいんだろうか？」とか「△△が授業で集中できるようになったのは何があったからだろうか？」などと，先ほど見つけた（気づいた）ことに対して，その理由や原因を読み解こうとし始めます。この理由や原因が見えてこないと，以降の教師の働きかけにもつなげにくくなってしまいます。さらに，そんなことを考えながら，それがこれから向き合っていかなければならないその子の問題なのか，それともその子が成長し始めているということなのか，はたまた「うんうん，そういうこともあるよね」というレベルの出来事なの

か……こうした意味（価値）づけをしていきます。もし，向き合うべき問題であるのなら教師は実際になんらかの手立てを講じなければなりません。その子の成長の始まりであれば，喜んで，そのことを称賛するかもしれません。「うんうん，そういうこともあるよね」というレベルであれば，今回の件は特に何かをするわけでなく，経過観察になるかもしれません。このように，意味づけによって以降の教師のアクションにも大きな影響を及ぼすわけです。

　以上からもおわかりの通り，教師の見取りには，まず目の前で繰り広げられる子どもたちの様々な現象から，何かに気づいて出来事（エピソード）として取り上げていく「気づき」が必要です。次に，その出来事（主に，児童・生徒の行動や発言や表情，関係性など）の理由・原因を読み解いて明らかにしていこうとする「読み解き」が必要になります。そして，そこから今後の具体的なかかわりにつなげていくための「意味（価値）づけ」が必要になるわけです。この「①気づき→②読み解き→③意味づけ」という3つをすべて内包しているのが「見取り」になります。【2－2】で見取りの構造をイメージ図にしておきましたので確認してください。

　したがって，優れた教師の優れた見取りとは，①広い視野を持ちながらその子がどうなっているだろうかと予想や予測も交えつつ，気づきにくいことさえも気づくことができ，②その子に関する現在の様々な情報から現在に至るまでの様々な情報を持って，その子の心情などとも関連づけながら読み解くことができ，③一面的ではなく多面的かつ柔軟に意味づけることができる……ことだといってもよいでしょう。このように「見取り」の解像度を上げてみると，つくづく教師に求められる専門性（単なるセンスではなく）の高さを痛感してしまいます。教師は誰にでもできる仕事ではありませんね！

【2-2：見取りを構成する気づきと読み解きと意味づけ】

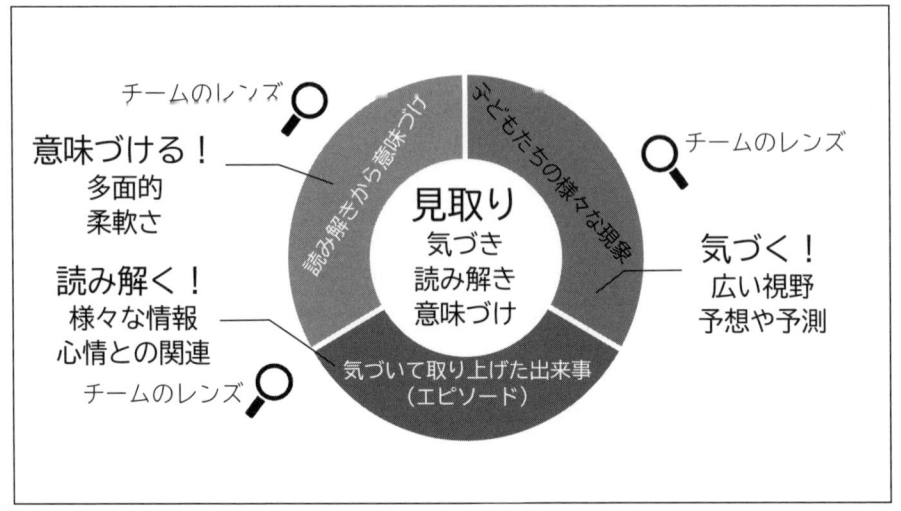

現在，校種を問わず40代の教師層が薄いというロストジェネレーション問題が注目を集めている中，この見取りのような教師の専門性が継承されていくかどうかを私は不安に感じています。単にテクニカルなことであればなんとかなるかもしれませんが，この見取りの専門性に関しては，テクニカルに継承できるほど表層的なものではないからです。目の前の子どもたちのどこに目を向けて抽出し，そこから思考と判断をどれだけ展開していけるのか，といった専門性を一朝一夕で高めていくことはまず不可能でしょう。だからこそ，あの見取りのすごいベテランの先生から，若手の先生は「気づき，読み解き，意味づけ」の中の特にどこを学び，吸収していけばよいのかを見極めていきたいものです。「あの先生ってなんかすごい」とか，「あの先生だからできることなんだ」というとらえ方をするのではなく，「気づき・読み解き・意味づけ」の中の何ができているからすごいと思ったのか，いまの自分には何が足りていなくて，これからどのようにできるようにしていけばよいのかといった筋道を立てて，見取りそのものの解像度を上げてみてください。その先生の見取りの力は，決してその先生がもともと持ち合わせていたセン

スなのではなく，その先生がこれまでの経験の中で失敗と反省を重ねながら高め続けてきた専門性なのです。

　そして，そんなときにおススメなのが各校のステップ1.0における取組です。前章でもご紹介した通り，チャンクダウンをしていく中で，先生たちが日常的にどんな見取りをしているのかが確認できました。だから，チャンクダウンをしながら，実際にベテランの先生がどうしてそんな見取りをできるのかたずねてみるのもよいかもしれないですね。たずねられたベテランの先生は，どうしてそんな見取りができるのかを言語化して説明してあげてください。これからは「先輩の背中を見て学ぶ」時代ではなく「言語化することで共有して学ぶ」時代ですので，ぜひお願いします。さらに，無事にチャンクダウンができて，学校教育目標の構成要素となる非認知能力やそれぞれに行動指標ができあがったとしましょう。できあがったものは個人ではなく，チームで共有されているものでしたよね。実は，非認知能力や行動指標というのは，子どもたちを見取るときのレンズ（観点）になり得るのです。よく「評価の観点」と言われるものと同様のものとしてとらえておいてください。例えば，授業中に先生方はどんなレンズを持って子どもたちを見取っていますか？　粘り強く取り組めている子，次から次へとチャレンジしている子，周囲に励ましのエールをおくっている子……こんな子どもたちの姿や行動に気づけているとき，教師はなんらかのレンズ（観点）を持って見取ろうとしています。

　私が提案している3つの非認知能力群でいうなら，教師が自分と向き合う力レンズを持っているから，粘り強く取り組めている子どもの姿に気づくことができます。自分を高める力レンズによって，次から次へとチャレンジしている子が，他者とつながる力レンズによって，励ましのエールをおくっている子が見えてくるのです。言い方を換えるなら，みなさんはステップ1.0で言語化した非認知能力や行動指標によって，児童・生徒を見取るためのレ

ンズをチームで持てたことになります。それならば，共通のレンズを持った
わけですから，ベテランの先生のその見取りがどのレンズを持っているとき
の見取りなのかを聞き出すこともできそうです。一人ひとりの先生が別々の
レンズを持っていたら難しいかもしれませんが，チームで共通のレンズであ
れば，そんなことができるため，チームでレンズに磨きをかけられますね。

2. エピソード記録と4K分析に挑戦

　前節では，教師の見取りそのものについて重点的に説明してきました。また，改めてステップ1.0でやってきたことの意義と活用のあり方についても説明を加えてきました。ここでは，ステップ1.0で取り組んだ非認知能力と行動指標をチームの見取りのレンズとしたとき，先生方の実践の中からさらにどんな活用方法があるのかを具体的に提案していきましょう。

(1)エピソード記録

　まずは，エピソード記録ですが，これは先生方がせっかく見取った子どもの姿や行動を頭の中の記憶にとどめておくのではなく，記録として残しておけるということを提案しています。ちょうどステップ1.0のアイデアドーナツで付箋紙に書き出していったあのエピソードを，それ以降も日常的・定期的に書き出していくためのシートです。そのため，あらかじめこのシートには「誰が？　どんな場面で？　どうした？」についてそれぞれ仕分けして記録できるように枠組みを設けています（次頁参照）。

　期間などについて特に条件があるわけではなく，例えば先生によっては1週間でご自身が見取った児童・生徒のことをシートに記録されている方もいらっしゃいます。学期ごとに研修の時間を使ってみんなで記録してお互いに見せ合っている学校もあります。毎日欠かさず，見取ったことの記録を蓄積されている方もいらっしゃいます。また，①〜⑩までの記録欄を用意して，タイムトライアル形式ですべての欄を埋めるのにどれだけの時間がかかるのかを計測している方もいらっしゃいます。どの使い方もアリですね！

〈エピソード記録シート　サンプル〉

期　　間		年　　月　　日　〜　　月　　日		
No.	レンズ	誰が？	どんな場面で？	どうした？
①				
②	□向き合う □高める □つながる			

＊紙媒体の場合はＡ４サイズを使用しています。

　幼児教育の分野でも積極的に取り組まれているエピソード記録ですが，この記録を習慣化させていくことで，教師や保育者の見取りの専門性を高められると言われているため，私は見取りのトレーニングの一つとして位置づけることをおススメしています。また，このシートの左から２番目の列には「レンズ」と書かれている枠があります。ここには，みなさんがどのレンズを持ってそのエピソードを見取ったのかが書けるようになっているため，より一層ステップ1.0からの関連性が出てくるわけです。ちなみに②の項目には，チェックボックスの横に「向き合う」と「高める」と「つながる」を入れ込んでいます。あらかじめこのように入れ込んでおけば，チェックするだけで意識したレンズを明らかにできますね。ぜひ，ステップ1.0で言語化された各校のオリジナル版のレンズをここへ入れ込んでいただければと思います。

⑵4K 分析

　まずは「4K 分析」がなんなのかを説明しなければいけませんね。先ほどのエピソード記録では，比較的ポジティブに意味づけたエピソードを記録されることが多いと思われます（もちろん，ポジティブでなくても OK です）。その一方で，先生方がとりわけ働きかけていかなければならない児童・生徒もいますよね。荒れた言動が目立つ，表情が暗い，孤立している，「死ぬ」などの言葉をよく口にする……などなど，先生方が気になっている子どもがいて，もちろんすべての子どもに等しくかかわっていかなければならないものの，いまはとりわけこの子に対してなんらかの働きかけをしていく必要がある，そんなタイミングがあります。これは，医療や災害のときに使われる「トリアージ」という言葉に似ているのかもしれません。ただし，そのような子どもへ働きかける際に，その子の何が問題なのかをはっきりさせないままやみくもに臨むわけにはいきません。そこで，この4K 分析が役に立ってくるわけです。

　4K 分析とは，文字通りKから始まる４つの視点で分析する方法です。

　１つ目のKは「個人」の性格や特徴など対象となる子ども自身が持ち合わせているものになるため，発達障害特性や気になる行動などもこの中に当てはまります。

　２つ目のKは，先生方にとって外側にあるその子の「環境」です。この場合，学校は内側になりますので家庭の方が環境の中に入るわけです。例えば，児童虐待の問題や虐待までいかなくても保護者のわが子へのかかわりに対して気になるようなことがあれば，この中に当てはまります。また，家庭以外でもスポーツのクラブチームなども外側の環境です。

3つ目のKは，学校内でのその子とほかの人たちとの「関係」です。その子が学校でどのような人間関係を築いているのか（築けていないのか）について焦点化してみてください。もちろん，子ども同士だけでなく教師との人間関係もここに含まれます。

　4つ目のKは，学校内での「活動」です。この活動の意味は広くて，授業も休み時間も，行事も，特別活動も，部活動も，学校内で行う活動はすべてここに該当します。

　このように，気になる子どもについて，4つのKで分析してみてください。その分析から，その子の特にどこが問題なのか，どこに働きかけていきたいのかを明らかにしていきましょう。ただし，その際には「個人」のKは対象から外れますので要注意です。なぜなら，第0章でもふれましたが，その子の性格や基本特性に直接働きかけて改善することは困難だからです。そうではなくて，その子を取り巻く環境，その子の人間関係，その子の学校での活動に対して働きかけることで，問題の改善を図っていきましょう。

　この4K分析をしやすくしたものが，「4K分析シート」になります。このシートには，先ほどの通り，いま，とりわけ働きかけていきたい（気になっている）子どもについて，「個人・環境・関係・活動」のそれぞれの視点で現状を記録できるようにしています。その上で，「評価」という欄には教師が「個人」以外の3つのKに対して，それぞれどれぐらいの問題意識を持っているのかを10点満点で評価できるようにしています。

　例えば，虐待の心配もあり家庭環境にかなりの問題を感じているのであれば，「1／10」のように自ずと評価は下がるわけです。逆に，学校での友人関係が良好なのであれば「8／10」のように高い得点をつけることができます。あくまでも働きかける教師側の主観もしくは同僚の先生をはじめとした

ほかの方々の意見なども取り入れながら，評価してみてください。そうしてみると，いま，その子のどこに問題があるのかが明確になり，その上でどこへ働きかけていけばよいのかの方針を立てやすくなるでしょう。

　ただし，子どもの実態の深刻さ，例えば先ほどの「1／10」のように家庭環境が極めて深刻で，教師が背負いこみすぎる必要のない（むしろ専門機関へ委ねるべき）ものもありますので，その判断材料としても活用してもらえればと思います。問題となるところを明確にできれば，あとは「環境・関係・活動」のどこへどのように働きかけていくかという方針を立てていくことが可能になります。

　そこで，まずは1〜2週間から1か月ぐらいまでの中期的な期間で達成したい目標（長期的な期間で解決したい問題のスモールステップ）を具体的に設定しておきましょう。ここでステップ1.0が役に立つわけです。どの力を引き出したくて，それはどのような行動としてあらわれてくるのかを明確にしておけば，働きかけた後の評価と改善にもつなげられるでしょう。目標が明確になれば，「環境・関係・活動」に対してそれぞれどのような働きかけができるか具体的に方針を立ててみてください。このとき，先ほどの分析の中での評価が低かったから，そこへ的を絞って働きかける場合もあれば，逆に比較的評価の高いところを糸口にして働きかけを進めていく場合もあります。こうなってくると，まさに実践者としての腕の見せどころですよね！

　さて，今回この4K分析シートについて，学校ではなく学童保育所の先生の事例を紹介しておきます。学童保育所でも学校と同様に，気になる子どもに働きかける上で，問題となるところを曖昧にしたままやみくもに働きかけるのではなく，現状を分析して働きかけたいところを明確にすることが求められます。今回はそんな学童保育所での事例を，参考にしてみてください。

〈岡山県岡山市 A．M．I 学童保育センター　中野指導員による4K 分析〉

氏　名	ナオヤ（仮名）男子		学　年	小学4年生	記入日	2022年6月1日
個　人	・A.M.I には週5日間毎日通所している ・口数が少なくおとなしい性格 ・苦手なことに対して一歩踏み出すことができない ・苦手なことに直面すると涙を流してしまうこともある ・気にしすぎてしまう傾向が強く，いつも不安感を持っている様子					

	環　境	関　係	活　動
現　状	・両親と妹（小1）の4人家族。 ・母親はナオヤのことをつねに気にかけており，サポートもよくしてくれている。現状のナオヤが不安感を持っていることを心配している。 ・学校では，毎日通うことができているが，1年生の頃には不安感が強くて数日間行けなかったこともあった。 ・A.M.I では，1～3年生まで別施設に通っていた。	・仲の良い同学年（タケシ）はいたが，彼とは好きな遊びが違うため，3年生までは別施設の低学年たちと一緒に遊ぶことや行動することが多かった。 ・しかし，今年度からの現施設では，同学年しかいない状況にある。 ・これまで別施設であったために，私との関係は築けていなかったため，こちらから声をかけても最初は緊張している姿がよく見受けられた。	・走るのが速く，彼自身も自信を持っている様子が見受けられる。そのため，「オニごっこ」や「リレー」などの走る系の遊びを好んでいる。 ・1年生の頃から「ドッジボール」は大の苦手で，当時の別施設でドッジの話題になると「僕はやらない……」と涙目になることもあった。 ・全般的にこぢんまりな活動を好み，大人数での活動や全体の前に出ることに対しては苦手。
評　価	5／10	2／10	3／10

目　標	□自分と向き合う力 ・苦手なこともやってみようとする姿 □他者と向き合う力 ・好きな遊びを通して私や同学年とやりとりする姿		期　間	5月中旬～6月初旬

	環　境	関　係	活　動
働きかけ	・母親にこちらの方針を伝え，共有できるようにしていきたい。 ・ナオヤの A.M.I での様子を伝えるとともにご家庭での変化も教えてもらいながら安心感を提供していきたい。	・ナオヤが得意な「ケイドロ」を通して現施設の子どもたち（同学年）と私との関係を築いていきたい。 ・まずは私が一緒に遊び，ほかの友達とつないでいく。 ・また，やりとりの際には彼にプレッシャーを与えないように気をつけたい。	・ナオヤが得意としている「走る系」の遊びに目を向け，「ケイドロ」を提案して，独自のルールを一緒に考えていきたい。 ・何よりも彼の得意なことを通じて，彼に自信と安心感が持てるようにしたい。

いかがでしたか？　ご参考にしていただけそうですか？　ちなみに，この働きかけを進めていく中で，目標としていたナオヤと中野指導員との関係を築くことができたそうです。また，ナオヤはケイドロを通して，同学年だけでなくそのほかのメンバーたちとの関係まで築くこともできました。その結果，4月当初には慣れない施設のために，ナオヤが強く抱かざるを得なかった不安感の改善も見られてきたとのことです。また，ナオヤの母親とは，連絡帳やお迎え，時には電話などで対応する中で母親の考えを共有でき，指導員側の働きかけの方針についての同意と共感も得られて働きかけやすくなったということで，中野指導員も手ごたえを感じることができていました。ただし，今回のように，決して働きかけがプラスに向かい手ごたえを感じられるケースばかりでもないでしょう。そうであっても，このように丁寧に子どもの問題状況の分析と働きかけの方針を立てることができていれば，仮に想定していなかった結果となっても，反省と改善がしやすくなります。よろしかったら，ぜひこの4K分析シートを活用してみてください。

3. 見取った後はフィードバックで価値を共有

　前節まではステップ1.0を踏まえて、チームで共通のレンズを持って見取りの専門性を高めることができたり、エピソード記録として残していけたり、働きかけが必要となる（気がかりな）児童・生徒のことを分析した上で働きかけの目標と方針を立てられたり……といった方法や取組が可能になると提案してきました。特に、学校現場で児童・生徒とかかわる上で、教師の見取りがいかに大切かについては、ここまでで十分に確認することができたのではないでしょうか。しかし、当然のことながら見取りのままでとどまっているだけでは、上述した直接的な意識づけにはなり得ません。教師が見取った上で、その内容について児童・生徒へなんらかの形でフィードバックすることで、初めて「意識づけ」につなげられるのです。先ほどの「ほめる」や「注意する」こそが、まさにこれからも伸ばしていってほしいことを見取ってフィードバックすれば「ほめる」になり、これからは二度とやらないでほしいことを見取ってフィードバックすれば「注意する」になります。ただし、これらのフィードバックが教師の一方的なものになってしまえば、意識づけではなく「押しつけ」になってしまうんでしたよね。

　そのため、教師は見取りだけでなくフィードバックについても工夫を凝らしています。例えば、フィードバックするときの内容だけでなく、そのときの口調、表情、身振り手振り……などなど、さらにタイミングもですよね。その子の何かを見取ったときに、すぐさまそのタイミングでフィードバックすることを「即時的フィードバック」と呼んでいます。この即時的フィードバックは、教師の側もとてもやりやすくて、フィードバックされる側にとってもわかりやすいという利点があります。いまやっているそれがいいね、い

まやっているそれはやめよう……とフィードバックしてもらえれば，いまやっているこれをもっとやっていこう，いまやっているこれは次から気をつけよう……と意識できるようになるわけです。ただ，児童期後半から思春期以降になるとこの即時的フィードバックを多用しても意識づけが難しくなってしまいます。簡単な言葉に言い換えると，響きにくく（刺さりにくく）なる発達段階を迎えることになります。

　そこで，もう一つおススメのタイミングが，すぐにそこでフィードバックをするのではなく，響きやすい（刺さりやすい）タイミングを見計らったフィードバック，つまりナイスタイミングのフィードバックもやっていくわけです。これを「適時的フィードバック」と呼んでいます。卒業式が終わった後，もう一度クラスで集まったとき，一人ひとりに向けて「あのとき，こういうことをしたよな」などのメッセージを贈ることがありますよね。学園ドラマあるあるのシーンでもありますが，これこそまさに適時的フィードバックなのです。

　こういうタイミングで言われたことは，やはり子どもたちにしっかりとインプットされて，後々の意識づけにもつながっていきやすいでしょう。ただし，注意が必要な点は，即時的フィードバックは，その場で一言伝えられたらよかったのですが，適時的フィードバックは「がんばったなぁ！」などの一言では有効ではないということです。なぜなら，適時的フィードバックは常に過去の出来事をフィードバックしなければならないため，できる限り具体的で確実なエピソードとして伝える必要があります。しかも，このエピソードが具体的で確実であればこそ，子どもたちの方も「先生，そんなところまで見てくれていたんだ」という思いが膨らんでくることでしょう。意識づけの効果としてはさらに大きくなりそうです。

このようにとらえてみると，学級通信は適時的フィードバックのツールとしても大変有用なものになります。しかも，子どもたちだけでなく，保護者にも伝えることができるため，その有用性はさらに高まることでしょう。もちろん，これまでもこのような学級通信に取り組まれている先生方はいらっしゃいました。単にあったことだけを伝えるのではなく，なんらかの非認知能力に関するテーマに則って，先ほどの通りできるだけ具体的で確実なエピソードとして紹介することで，読み手となる保護者や子どもにとっても「先生って，こういうことを大切にしてくれているんだ」というメッセージとして受け取ってもらえることでしょう。

　ちなみに，実際に取り組まれている先生方のお話によると，このような意思疎通を図ることで，何よりも子どもにかかわる様々な保護者とのやりとりがスムーズになっていけるそうです。保護者からしても，何を考えているのかわからない先生ではなく，何を大切にしてわが子とかかわってくれているのかが，日常のエピソードから伝わってくれば，安心感と信頼感を持ちやすくなるのでしょうね。

　そんなことを実現した島根県の小学校の谷上先生の学級通信を紹介しておきたいと思います。彼は，非認知能力をテーマに年間120本の学級通信を書き続け，保護者の方とも信頼関係を築いてきました。ぜひ参考にしてみてください。

| Vol. 92 | ６年１組学級通信 | 2022.2.28（月） 文責：谷上 |

かたちにすること（自分で決める）

他校のＡ先生が荷物を持って，●●小の廊下を歩いていたとき。
すれ違う人にあいさつをされ，「荷物，持ちましょうか？」と声をかけられたと言います。
声をかけたのは，大人ではなく，６－１のＢさんだったそうです。

　Ａ先生はとてもうれしかったようで，校長先生にその話をしてくれました。それを，校長先生が職員朝礼で私たちにしてくださって，このことがわかりました。

　私もとてもうれしくなって，Ａ先生に会う機会があったので聞いてみました。すると，こんなことを話してくれました。

> 　すれ違いざまに自分からあいさつをしてくれたことでさえうれしいのに，荷物をもちましょうかなんて言われて，涙が出るくらい，うれしくなりました。本当に，ありがとうって伝えたいです。私の中では●●小のイメージが「●●小の子どもは，すごい！こんなことを考えてやってくれる子どもたち！」というものになりました。

　Ａ先生が，本当にうれしかったんだなあということが伝わってきます。その姿を見て，私もうれしくなりました。
　Ｂさんにも話を聞いてみました。少し照れたように「重そうにしていたので，声をかけました。ありがとう大丈夫だよ，と言われたけど，やっぱり持ってあげたらよかったな……」と話していました。
　Ｂさんの気持ちは，Ｂさんの言葉と行動によって伝わっています。
　そして，Ａ先生が感じたように，●●小学校全体のイメージさえ，より良いものにしたみたいです。
　私は，このことから「思いをかたちにすること」の大切さと，「たった一人の行動でも，何かを変えることはできる」という２つのことを感じました。

　Ｂさんは，上のようなことを，自分で決めて，自分で行動しました。どんな自分も，誰かのせいではなくて，結局は自分が創るものです。
　残りの日々の生活，そして，中学校生活以降続いていくみなさんの人生。どんな自分で在りたいかを，Ｂさんの姿を通して，私たち一人ひとりどうか，改めて考えたいなあと思いました（^^♪　（もちろん，山もあれば，谷もある！）

教師が見取ってフィードバックをすることで，児童・生徒はフィードバックされたことについて「もっとやっていこう」とか「次からは気をつけよう」といった意識を持てるようになります。ちなみに応用行動分析学では，もっと伸ばしてほしい好子はフィードバックによって行動強化へ，やめてほしい嫌子はフィードバックによって行動弱化へつなげるという言い方をするそうです。このことを踏まえて，私は「価値の共有」と呼んでいます。伸ばしてほしい（価値として認めたい）好子も，やめてほしい（価値として認めたくない）嫌子も，子どもにフィードバックしながらいずれの価値も共有することができれば，意識づけにつなげられるでしょう。ただし，このときの最大のポイントは，価値の強要ではなく，価値の共有であることなのです。この価値の共有について【2−3】のようなイメージ図にしてみましたのでご参照ください。つまり，児童・生徒の側が，その先生と価値を共有したいと思えるかどうか……みなさんも子どもの頃にあの先生の言うことなら聞きたい，あんな先生の言うことなんて聞きたくない，そんなふうに思うことはありませんでしたか？　私はそんなふうに思ったことがめちゃくちゃありました！

【2−3：見取りとフィードバックの専門性を高めて価値の共有】

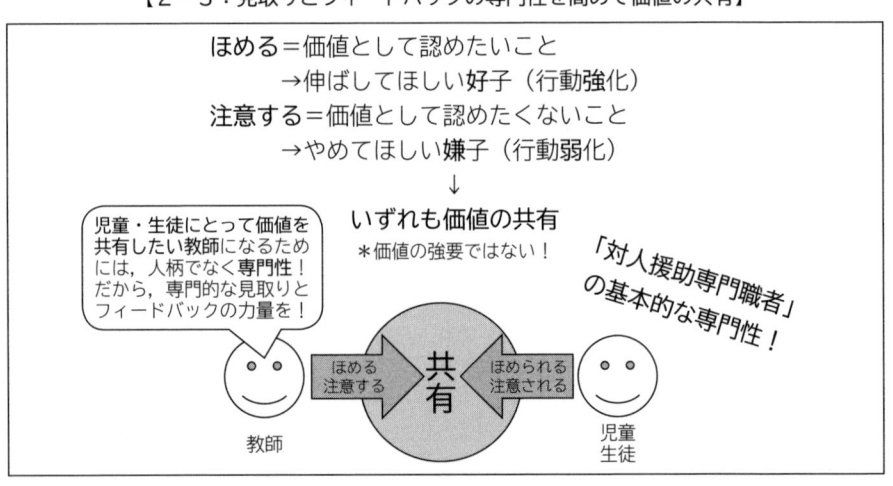

まず，何より第０章でも少しふれましたが，言っていることとやっていることが違う辻褄の合わない先生は小学生の頃から嫌いでした。明確な基準もなく，自分の感情だけでやたらと怒ったり笑ったりしている先生なんて最悪でした。逆に辻褄が合っている上で，さらにそんなところまで見てくれていたのかと驚かされたり，ほめられることでなんだか無性にやる気になれたり，逆に叱られたことで本当にもう二度とやらないようにしようと反省できたり……いつも私を「その気」にさせてくださった先生もいらっしゃいました。いま思えば，そういう先生と私は「価値の共有」をしていたんでしょうね。少なくともそういう先生は，私にとって価値を共有したい先生だったわけです。ただし，不思議なものでそういう先生って，別に見た目がよいとか，明るく元気でさわやかだとか，やたらとオラオラ系だとか，あまりそういうことは関係なかったように思います。

　見た目や人柄などではなく，やはり子どもにも伝わってくるのはその先生が持っている「専門性」ではないでしょうか。これは教師だけでなく，人に対して援助することを専門にしている方々「対人援助専門職者」に共通する基本的な専門性です。目の前の対象者のことを見取って，フィードバックできるという専門性の高い人を子どもながらに理解できてしまうのでしょう。つまり，教師は何よりも児童・生徒にとって価値を共有したいと思われる専門職者になるためにも，（センスや見た目や人柄ではなく）専門性としての見取りとフィードバックの力量を高めることが求められているといえます。

4. 児童・生徒が自分で見取って
フィードバックできるために

　ステップ1.0で行ったような行動指標は，教師にとって具体的な見取りの
レンズ（観点）になり，それによって直接的な意識づけのためのフィードバ
ックへつなげていきます。そうすることが，せっかくなんらかの非認知能力
を掲げてきた学校教育目標を絵に描いた餅にしないためにも大切な取組にな
るとここまで説明した通りです。ただし，どうしても見取ってフィードバッ
クという教師からの「評価」が加わってくる以上は，児童・生徒側に「忖
度」の意識が生じてしまうのではないかという問題も出てきます。もちろん，
前節のような価値の共有は児童・生徒を主体として，価値を共有してくれる
かどうかは児童・生徒に委ねればよいでしょう。また，「道」の世界では
「守破離」という言葉があるように，「守」として，何が価値あることで，何
がそうではないことなのかを子どもへ教えるのも，大人の役割といえます。
ただし，「評価」がちらついてしまうことで，共有ではなく（忖度という）
強要になりかねないという懸念もよくわかります。それならば，いっそのこ
と子どもたちとも行動指標を一緒に練り上げて，教師集団だけでなく，児
童・生徒とも合意形成できた真にチーム学校としての軸を持つということも
可能です。実際にそんな取組をしている学校や自治体もあります。さらに，
それを教師だけが見取ってフィードバックできるようにするのではなく，児
童・生徒自身でも見取ってフィードバックできるような仕組みを作っている
ところも出てきました。例えば，児童・生徒と共有した複数の非認知能力や
行動指標を共有しやすい言葉にしたり，アイコンにしたりすることで，さら
に共有しやすいものにしているのです。いくつか具体的な事例を紹介してお
きましょう。

(1)岡山県津山市立河辺小学校の事例

　こちらは岡山県津山市立河辺小学校の事例です。河辺小学校では，「自信」のある河辺っ子を目標（目指す児童像）として掲げており，ステップ1.0によって「自分らしさ（らしさん）」と「自分ならできる（できるん）」と「仲間と取り組む（なかまん）」に具体化できました。その上で，下表のような行動指標を作成したものからフリー素材を使ってアイコン化しています。河辺小学校では，こちらを使って授業開始時に教科のめあてに加えて，非認知能力のめあても子どもたちと設定して授業に臨むようにしており，授業における非認知能力のめあてのことを「学び方のめあて」としてとらえている点も特徴的です。まさに，いかに学びに向かって学びに向かう力を伸ばしていくのかという取組になっていますね。

〈岡山県津山市立河辺小学校　「自信」のある河辺っ子〉

自分らしさ（人と比べるのではなく「いまの自分」を受け入れたいと思えること）				
まちがったときなどに自分から謝ることができる	自分の思いとちがっていても受け入れることができる	できないことなど自分からSOSを発信することができる	自分の長所に気づき，その長所を伝えることができる	自分の短所に気づき，その短所を伝えることができる

＊あくまでも横並びでありレベルはない。

自分ならできる（自分なら「いまの自分」を変えられると思えること）				
自分の苦手なことでも最後までやり抜こうとしている	自分の苦手なことでもやろうとしている	自分の得意なことは最後までやり抜こうとしている	自分の得意なことはやろうとしている	活動の場へ参加することができる

＊左へ移行するほどレベルが上がる。

仲間と取り組む（他者たちと共に「いまの状況」へ働きかけられること）				
「やりたい」ことをより良い形で実行することができる	「やりたい」ことを実行するために他者の意見の良さを受け入れることができる	「やりたい」ことの具体的な提案を他者へ伝えることができる	「やりたい」ことの見通しと計画を立てることができる	「やりたい」という思いを他者へ言葉で伝えることができる

＊左へ移行するほどレベルが上がる。

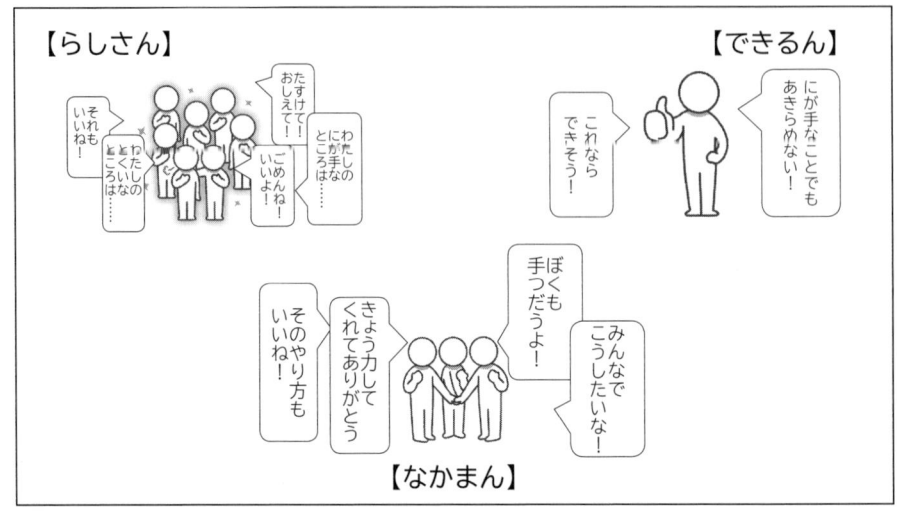

(2)愛知県安城市立東山中学校の事例

　次に，こちらは愛知県安城市立東山中学校のアイコンです。東山中学校は，
「自分軸」を生徒たちに育てることを目指して，「自分を見つめる力：自分の
内面をコントロールしつつ，自分を大切にしようとする力」「未来に向かう
力：自分や社会の未来を肯定的にイメージし，自分を高めようとする力」
「他者とつながる力：目的・目標に向け他者と行動し，他者を大切にしよう
とする力」という３つに具体化した上で，これらを構成する非認知能力をそ
れぞれ２つずつ，計６つ掲げています。そして，この６つの力について「ヒ
ガッシー」というスクールキャラクターを活用して，生徒たちにオリジナル
のアイコンを作ってもらいました。こうすることで，生徒たちにとっての当
事者意識も高められたことでしょう。東山中学校でも，授業開始時に教科の
めあてを生徒たちと共有した後で，このアイコンを教師から提示したり，生
徒たちと相談して提示したりするようにしています。この授業で，特にどの
非認知能力を意識していこうかという意識のスイッチをオンにできる仕組み

にしているわけです。

〈愛知県安城市立東山中学校 「自分軸」〉

⑶福井県若狭町立瓜生小学校の事例

　今度は，福井県若狭町立瓜生小学校の事例ですが，こちらでは学校教育目標から具体化した非認知能力は「自立」と「協働」の２つしかありません。第１章でもお伝えした通り，大切なのは各校での合意形成なので，２つしかないということは別に問題ではないのです。ただし，子どもたちと共有しながら授業でも活用していこうとすると，逆に２つしかないことで活用しづらくなります。そこで，瓜生小学校では，行動指標の方を授業で共有するようにしているのです。とはいうものの，行動指標を言語化すると，どうしても「文（センテンス）」になってしまいます。先ほどの河辺小学校や東山中学校のように非認知能力をそのまま使えば「語（ワード）」なので使いやすいのですが，文だと難しくなりますよね。そこで，この行動指標をもっと圧縮し

てコンパクトにすることで，子どもたちと共有しやすくしているわけです。
こうした学校の事例も増えてきています。

〈福井県若狭町市立瓜生小学校　行動指標を共有するためのコンパクト化〉

資質能力	重点的に育成する児童の姿	行動指標
自立	自分の考えを持ち表現する子	①授業や集会の中で，課題に関して自分の意見を持つことができる
		②根拠や理由を説明しながら，友だちと考えを交流することができる
	粘り強く挑戦する子	③目標の達成に向けて，工夫したり挑戦したりすることができる
		④課題や自分の役割を最後までやり通すことができる
協働	多様性を認め，人を大切にする子	⑤自分の良さに気づき，自分を大切にすることができる
		⑥友だちの良いところを見つけ，伝えることができる
	対話を通して問題を解決する子	⑦学校・学級の問題に対し，友だちの意見に流されず自分の考えを表現することができる
		⑧意見が対立したときに，みんなが納得できる意見を提案することができる

＊『創造』理念に関しては，『自立』・『協働』を通して新たな価値を『創造』する。
＊行動指標を育てる場面，達成度合いを測るための方法については，校内研究にて実践研究を行う。
＊行動指標の達成状況の評価結果をもとに，継続的に取組の見直しを行う。

自立（じりつ）	協働（きょうどう）
①意見を持つ	⑤自分の良さ
②理由の説明	⑥友だちの良さ
③工夫と挑戦	⑦自分を持つ
④やり通す	⑧みんな納得

　このように，必ずしもこうするべきという法則があるわけではないのです
が，せっかくステップ1.0で具体化した非認知能力や行動指標を児童・生徒
と共有する方法を模索することで，様々な仕組みが生まれてきているという
ことを紹介しました。先ほどの河辺小学校が「学び方のめあて」と表現され
たように，授業開始時に各校で作成した非認知能力や行動指標を「めあて」
として意識化することで，児童・生徒の一人ひとりが意識のスイッチをオン
にすること（マインドセット）ができます。そのために，共有しやすい言葉
やアイコンを活用しながら，教師から率先して提案してみたり，教科のめあ
てを共有した後に子どもたちと一緒に決めてみたり，一人ひとりが各自で決
められるようにしてみたり，できたらよいですね。その上で，子どもたちが
意識のスイッチオンをしてみてどうだったかを振り返ることができれば，自
分で見取ってフィードバックすることが可能です。ちょうど【2-4】のよ
うなイメージになります。なお，この評価や振り返りについては，この後の

第4章のステップ4.0で詳しく説明していきます。みなさんにおかれましても ステップ1.0を活用していただき，児童・生徒が自分で見取ってフィードバックできるような仕組みを作ってみてください。そして，そのうちに教師も子どもも……チーム学校として，非認知能力や行動指標を合言葉にできるようにしていきましょう。そうすれば，もう学校教育目標が絵に描いた餅になるなんてことはなくしていけるはずです！

【2－4：意識のスイッチオンから自らの見取りとフィードバックへ】

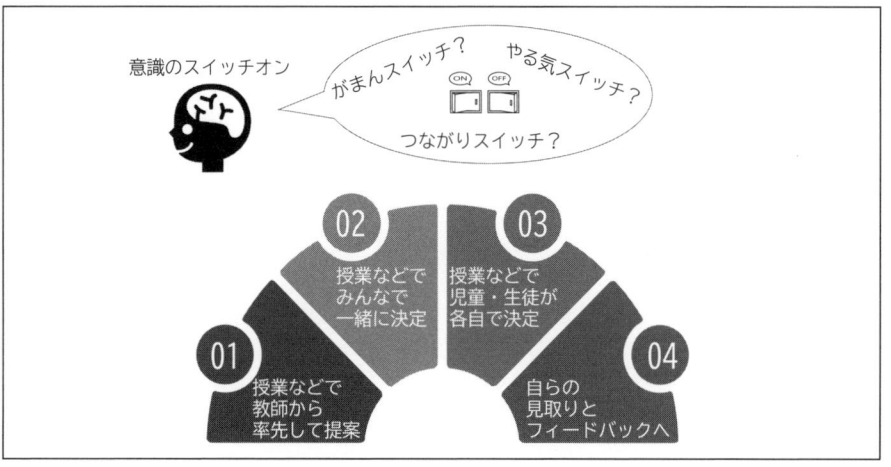

第 3 章

ステップ 3.0

意図的な仕掛けと
感情への働きかけ

そして，ステップ3.0は……

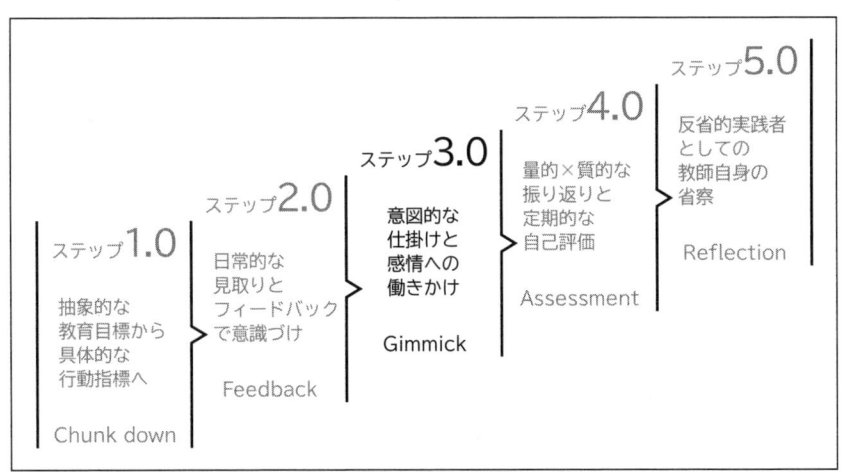

ステップ5.0

反省的実践者
としての
教師自身の
省察

Reflection

ステップ4.0

量的×質的な
振り返りと
定期的な
自己評価

Assessment

ステップ3.0

意図的な
仕掛けと
感情への
働きかけ

Gimmick

ステップ2.0

日常的な
見取りと
フィードバック
で意識づけ

Feedback

ステップ1.0

抽象的な
教育目標から
具体的な
行動指標へ

Chunk down

Gimmick

1. 教師は能動的な仕掛け人になることもできる

　前章で見取りとフィードバックによる直接的な意識づけについてご説明してきましたので，本章では，間接的な意識づけについて詳しくご説明していきましょう。教師が児童・生徒のなんらかの姿や行動を見取ってフィードバックするということは，基本的に教師は観察者であることが前提であり，受動的な立ち位置に立たざるを得ません。言い換えるなら，受動的な観察者の立ち位置に立たなければ，見取ることは難しいともいえるでしょう。しかし，いつも教師は受動的な観察者ばかりでいるわけではなく，能動的な仕掛け人になることもできるわけです。つまり，児童・生徒がなんらかの行動に移すまで待っていなくても，こちらからなんらかの行動を引き出すことが可能です。この考え方に基づいて，教育活動における間接的な意識づけをみなさんへ提案していきましょう。

　さて，まずここで「ギミック（Gimmick）」という言葉を使います。単純に日本語にすれば「仕掛け」という意味になり，先ほどの能動的な仕掛け人とも結びつくことがわかります。なぜ，ここで敢えて仕掛けと呼ばずギミックと呼ぶのかについては，後ほどご説明しますが，ここでは以前から学校現場で呼ばれてきた仕掛けのことを言っているのだと思っておいてください。そして，このギミックを授業などの教育活動に入れていきます。教育活動の中へ入れるというのはどういうことでしょうか？　これはつまり，この教育活動の中で，なんらかの非認知能力を引き出すきっかけになるような「何か」を意図的に仕掛けていくという意味になります。先ほどの直接的な意識づけのように，教師から直接ほめたり，注意したり，はたまたそのほかの直接的なやりとりをしたりといったことはせずに，そこをほかの「何か」によ

って児童・生徒が意識できるように仕向けていくわけです。だから教師による直接的な意識づけではなく，教師以外の間接的な意識づけとして位置づけられます。ちなみに，こうした教えたいことを直接教えるのではなく，（広義の）環境を通じて学べるようにしていく方法を幼保こども園で，「環境構成」と呼んでいることはご存じでしょうか？　保育者が子どもに育みたい力を引き出すために，意図的に環境を構成するという意味です。この教師以外の環境へ働きかける環境構成こそが教育活動へギミックを入れるということになります。

　それでは，教師は何を意図して教育活動へギミックを入れていけばよいのでしょうか？　このときにポイントとなるのが第0章でもふれた刺激（stimulation）になります。つまり，教師が児童・生徒にどのような非認知能力の刺激を与えたいのか……この刺激を与えるための具体的な仕掛けがギミックになるわけです。一方の児童・生徒の方は，教師が刺激を与えたいと意図して入れてみたギミックによって，その非認知能力を意識することができていれば，非認知能力の育成につなげられることでしょう。したがって，【3-1】のように，教師による刺激と児童・生徒による意識とがなんらかのギミックを入れた教育活動へ双方向に向かっていくというイメージになります。もちろん，このギミックが教師と一人ひとりの児童・生徒との間でかみ合うかどうかはわかりません。教師が刺激を与えたかった非認知能力とは異なった別の非認知能力を意識するかもしれないですし，そもそもどの非認知能力も意識することができないかもしれません。後述しますが，教育活動における非認知能力の刺激（教師）と意識（児童・生徒）のマッチングをあらかじめ設定するとともに，以降の反省と改善につなげられるようなツールも開発し，実際に活用できるようにしていますので，このまま読み進めてみてくださいね。

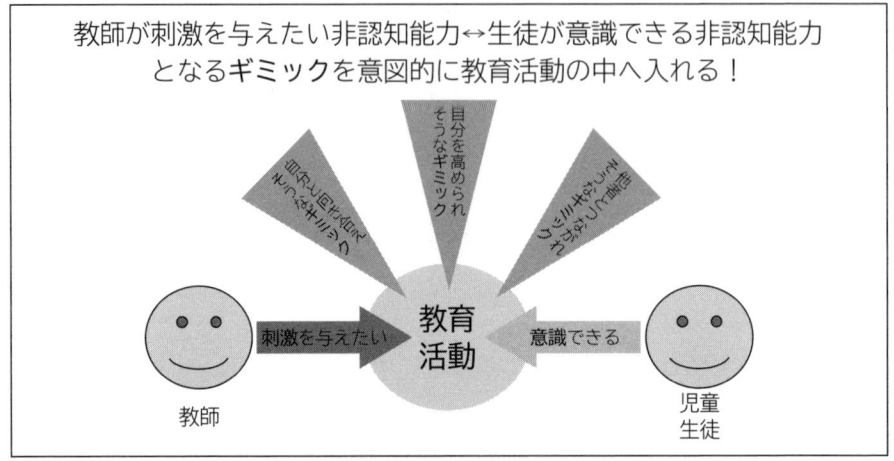

【3-1：教師の刺激↔児童・生徒の意識となるギミック】

教師が刺激を与えたい非認知能力↔生徒が意識できる非認知能力
となる**ギミック**を意図的に教育活動の中へ入れる！

他者とつながる力へ刺激を与えそうなギミック

自分を高められそうなギミック

自分と向き合う力へ刺激を与えそうなギミック

教師　刺激を与えたい　教育活動　意識できる　児童生徒

　このように，授業などの教育活動へギミックを意図的に入れていくとなると，どんな非認知能力に刺激を与えたいのかをあらかじめねらいとして持っておくこともさることながら，その非認知能力へ効果的に刺激を与えられるような具体的なギミックは何が適切なのかを考えることも重要です。例えば，【3-2】をご覧ください。その子たちに粘り強さのような自分と向き合う力へ刺激を与えたいのであれば，いつも以上に粘り強さが必要な問題をギミックとして入れてみるかもしれません。授業の導入などで，子どもたちがもっと興味・関心・やる気を引き出せそうな映像を見せれば，自分を高める力へ刺激を与えることになるでしょう。また，授業の中で敢えて2人以上の協力関係が必要となる共同作業をすることは，他者とつながる力に刺激を与えるためのギミックになり得ます。あらかじめ，どんな非認知能力に刺激を与えるために，どんなギミックを入れていけばよいかを考えておく……このことは能動的な仕掛け人になる上では，必要不可欠です。だから優れた教師は，たとえ散歩をしているときであっても，これはギミックに使えるかも……と様々なことにフックをかけられる状態にしているんでしょうね。

【3−2：あらかじめどんなギミックを入れるのかを考える】

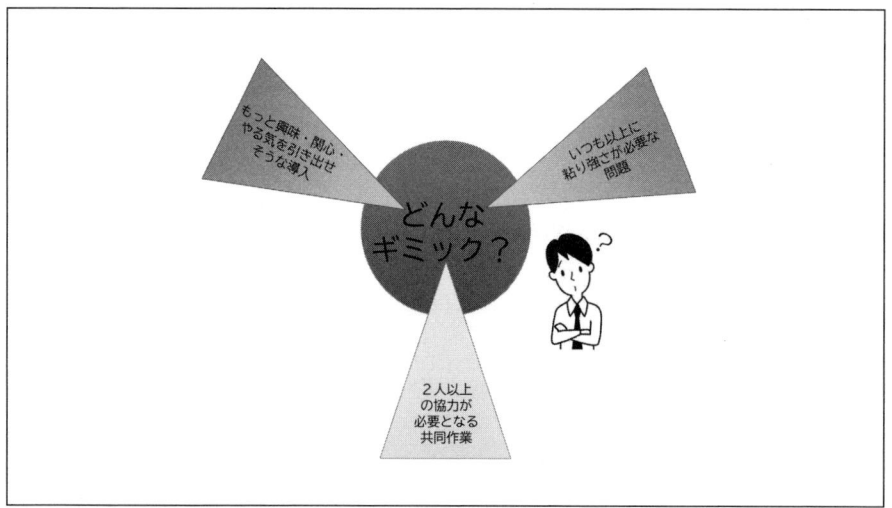

　さて，ここでみなさんにおたずねします。学校現場にいらっしゃる先生方は，先ほどのようなギミックを授業などの教育活動で実際に入れていらっしゃいますか？　いかがでしょう，実はたくさんの方がギミックを入れた授業をされているのではないでしょうか。例えば，授業の導入にあらかじめ用意していた実物を見せてみたり，タブレットを使って写真や動画，さらにはアプリケーションを提示してみたり，少人数のグループを作って調査活動や創作活動をしてみたり，クラス全体がロの字型に席を配置して集団ディスカッションを行ってみたり……これらすべてがギミックに該当するようなものばかりです。だから，ここでも繰り返しますが，何か新しいことをやらなければならないのではなく，すでにみなさんが学校現場でされていることがギミックといえるんだというだけの話になります。ただし，ここで忘れてはならないのは，これらをなんのためにやっているのかを設定できているかどうかです。つまりどんな非認知能力に刺激を与えたいのかというねらいを持てているのかが問われているわけです。そのため，授業の導入でタブレットを使って提示した写真は，少人数グループでの調査活動は，ロの字型のディスカ

ッションは……それぞれに（単なる知識・技能の習得というのではなく）どんな非認知能力に刺激を与えようとしていたのかを問われたときに、「ねらい・意図」として明確に説明できるかどうかが求められます。いかがですか？　普段からされている先生方のなんらかの手立てや工夫は、本当にギミックになり得ていましたか？

　　ここで、改めて児童・生徒の非認知能力に刺激を与えるためのギミックとはなんなのかを説明しておきましょう。【3－3】で、「ギミックの3要素」をまとめてみました。

【3－3：ギミックの3要素】

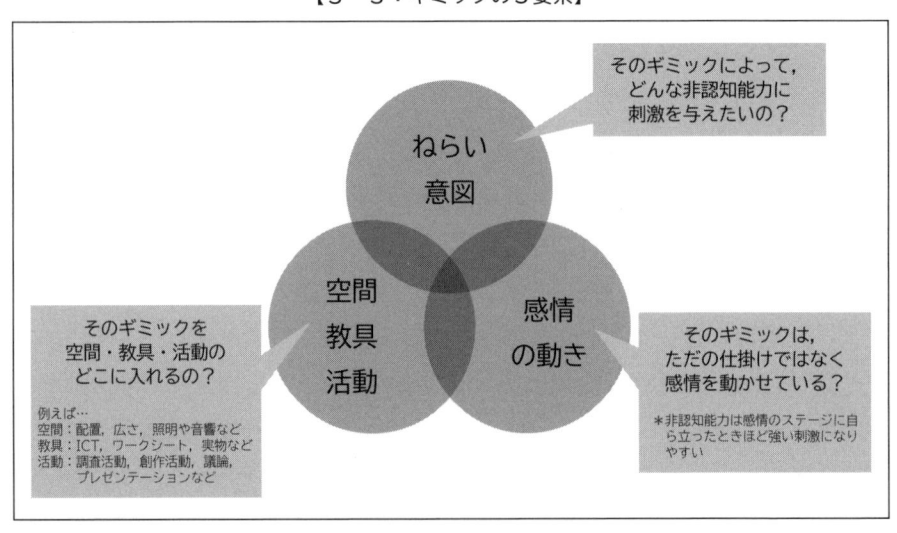

　　ここにあるように、ギミックには3つの要素がなければ成立しません。その中の1つが、先ほどの「ねらい・意図」になります。児童・生徒に刺激を与えたい非認知能力はなんなのかというねらいや意図を明らかにすることは、ギミックが仕掛けであるための前提条件ともいえるでしょう。

次に２つ目の要素ですが，これも先ほど述べた通り，教師自身ではなく教師以外の環境へ意図的に働きかけることが間接的な意識づけのもう１つの前提条件ともいえます。それでは，授業などの教育活動において教師以外の環境とはどのようなものやことを指すのでしょうか。もちろん，共に教育活動へ参加する仲間や学習者集団も環境ではあるのですが，ここでは特に「空間・教具・活動」の３つを挙げています。「空間」というのは，先ほどもあった席の配置や室内の広さ，照明の明るさや BGM などが該当します。つまり，教師が空間に対して働きかけるときに「空間ギミック」を教育活動の中へ入れていることになるわけです。タブレットなどの ICT 端末や実物，独自で作成したワークシートなど，もの（道具）を使うときには「教具ギミック」，調査活動や制作活動，ディスカッションやプレゼンテーションなど，児童・生徒の取組として設定するときには「活動ギミック」を教育活動の中へ入れていることになります。繰り返しになりますが，教師からの語りや発問，ファシリテーションなどは，先ほどのギミックを十全に生かすためのものであって，こうした教師のパフォーマンスばかりに依存することのないように注意しておいてください。

　そして，いよいよ３つ目の要素です。この「感情の動き」という要素こそが，仕掛けではなくギミックと呼んでいる最大の理由になります。先ほどまでの２つの要素だけでしたら，これまでも学校現場で親しまれてきた「仕掛け」という名称で呼んでもよかったのですが，３つ目の要素が加わることでそうはいかなくなってしまうのです。もし，敢えて仕掛けという言葉を堅持するのであれば，「心揺さぶる仕掛け」となるでしょうか。つまり，単なる仕掛けではなくて感情へ働きかける仕掛けという意味になります。それを一言で言おうとしたとき，この「ギミック」という言葉がベストマッチだったのです。上述しましたが，このギミックは教育活動において学習者（児童・生徒）に対してなんらかの非認知能力に刺激を与えることを目的としています。そして，非認知能力が社会情動的スキルとも言われるように，非認知能

力と感情は切っても切り離せない関係にあるのです。私たちは，しんどいことがあっても我慢するようになったり，楽しくてたまらないときに意欲や楽観性を持てたり，他者の感情に寄り添いながら共感的になろうとしたりしています。このように，感情のステージに自ら立ったとき，私たちはそこにつながる非認知能力を意識できるようになるわけです。逆の言い方をするなら，刺激を与えたい非認知能力につながってくる感情が学習者たちの中で動くことができれば，その非認知能力に強い刺激を与えることができるのではないかとなります。だからこそ，ギミックが単なる仕掛けではなく，真にギミックとして成立するためには，児童・生徒の感情を動かすという要素が必要不可欠なのです。

　蛇足かもしれませんが，脳内の認知能力の基盤となる側頭葉の海馬などの記憶の中枢へ新しい知識や情報がインプットされる際，私たち人間の脳はパソコンとは異なりそのまま直接伝達することはないと言われています。そこへ伝達されるまでには，特に額の内側にある前頭葉前頭前野が重要な役割を果たしているとのことで，知識や情報をインプットする際に，前頭葉の感情を司る前頭前野が活性化すれば，インプットの質が高まるそうです。こうした脳科学の知見を踏まえても，ギミックによって感情を動かすことは，知識や情報のインプットにも有効といえるのでしょう。まあ，私が子どもの頃も，「前のめりになっていた授業」ってそういう授業でしたし，そんな授業で得た知識はいまでもはっきり覚えていますもんね。なんなら，あのときの授業の光景まで覚えているほどですから……。

2. ギミックを使いこなせるように なるために

　私が継続的にかかわらせていただいている中学校の一つに，京都府向日市立寺戸中学校があります。2018年以降，非認知能力の育成について力を注がれてきた中学校で，特別活動や学校行事だけでなく，授業においてもいち早く認知能力と非認知能力を一体的に育成することに着手してきました。そのような中で，研究主任の先生方からご相談を受けたのです。多くの先生方が，認知能力にかかわる教科内容についてのねらいは理解しているのだけど，非認知能力のねらいの設定となると理解が難しくなるし，ギミックなんて言い出したらなおのこと理解できなくなってしまう……どうしていけばよいだろうか……というご相談でした。

　たしかに，先生方の頭の中にはなんとなく「ギミックのようなもの」があったとしても，それをわざわざ書き出して（言語化して）可視化するようなツールが存在しなかったのです。指導案へ書き入れようとすればできないことはないかもしれないのですが，もっと日常的に手軽に非認知能力のねらいやギミックを意識できるようなツールがほしい……そんな寺戸中学校の先生方のご相談から生まれたツールが「ギミックブラッシュアップシート」でした。先生方がなんとなく頭の中でぼんやりと持っているギミックを，文字通りブラッシュアップする（磨きをかける）ためのシートになります。寺戸中学校から始まったギミックブラッシュアップシートは，その後も校種を問わず全国各地のいろいろな学校で使っていただき，その中で先生方がさらに使いやすいものにと改良を重ねて，現時点での最新のものが次のシートになります。敢えて2023年を表記しているのは，これからも学校現場の先生方と一緒に課題解決していく中で，アップデートされていくであろうという期待と

想定を持ってのことです。

〈ギミックブラッシュアップシート2023〉

ギミックブラッシュアップシート		授業者	
教　科		**学年** など	
単　元			
本時の目標			

	序盤：ギミック① （　　分頃～　　分頃）	中盤：ギミック② （　　分頃～　　分頃）	終盤：ギミック③ （　　分頃～　　分頃）
非認知能力			
ギミック			
	□空間・□教具・□活動	□空間・□教具・□活動	□空間・□教具・□活動
予想できる姿			
感情イメージ	開始　　　　　　　　　　　　　　　　　　　　　　　　　　　終了		

それでは，このギミックブラッシュアップシートの書き方について順を追って説明していきましょう。

①まず，ギミックブラッシュアップシートの上側には，授業についての基本的な情報を記入してください。特に，「本時の目標」では，教科内容（認知能力）側の内容（知識・技能や思考力・判断力・表現力）になります。こちらはすでに学習指導要領や単元計画に基づいているものを参考にしてください。

②ここからがギミックについての内容になっていきます。ギミックについては，①〜③まで記入できるようになっていますが，これは時間帯としての授業の序盤，中盤，終盤のイメージになります。もちろん，時間で区切る場合もあれば，内容や場面によって区切る場合もあるでしょう。どちらでも大丈夫ですので，先生方がやりやすい区切り方にしてくださいね。

③その上で，それぞれの局面ごとにギミックを記入してもらいたいのですが，もちろんすべてを記入する必要はありません。例えば，今回の授業では序盤の導入だけにギミックを入れたい場合は①の欄だけ，中盤の山場に集中したギミックを入れたいという場合には②の欄だけに記入してください。そして，そのギミックが機能しているだろう時間帯も忘れずに記入しておきましょう。

④「非認知能力」の欄には，学習者に刺激を与えたいねらいとなる非認知能力を記入してください。この際，ステップ1.0ですでにチームで共有された非認知能力や行動指標があるのであれば，事前に書き込んでおいて選択できるようにすることも可能です。もちろん，ねらいとなる非認知能力を一つだけに限定する必要はありません。ただし，複数の非認知能力を記入する際には，多すぎて曖昧にならないようにだけは注意してください。

⑤ねらいとなる非認知能力を明確に記入できた後は，その非認知能力へ実際に刺激を与えるためのギミックを具体的に記入してみましょう。さらに，それが空間，教具，活動のどのギミックなのかについても選択して，ギミ

ックそのものの位置づけをはっきりさせておいてください。

⑥「予想できる姿」というのは，実際にそのギミックを入れてみたときに，児童・生徒からどんな反応（特に行動）が予想できるのかを，できるだけ具体的に記入してみましょう。このときに，ステップ10で具体的な行動指標が言語化できていれば，そちらも参考にしてみてください。つまり，予想できる姿は，引き出したい学習者の行動となるわけです。そうすることで，授業後にあらかじめ予想していた姿と実際の反応としてあらわれた姿とを比較しながら，今後の改善につなげることが可能です。

⑦一番下の欄にあるのが感情イメージです。この感情イメージは，左端が授業開始時の学習者の感情の状態，右側が終了時の感情の状態になります。左から右へ，授業の時間軸に沿って予想される感情の動きを曲線で可視化してみましょう。ただし，このときはあくまでも一人（固有名詞）の学習者に限定するというよりは，学習者集団としての全体的な感情の動きを曲線にしてみてください。そして，単なる予想ということではなく，教師がこのように感情を動かしていきたいという意図も含めた「見立て」を記入してください。

⑧感情イメージの欄内にある真ん中の点線は，感情のニュートラルな状態となりますので，上に上がればポジティブな感情（楽しさ，やる気，自信など），下に下がればネガティブな感情（緊張感，不安感，危機感など）となります。大切なことは，上にも下にも感情を動かすということ，それはあくまでも教師が意図していない無為（たまたま）な動きではなく，教師が意図的に感情の動きを作り出すという点を忘れないでください。

⑨先ほどご説明した通り，感情の動きはそれぞれのギミックと連動します。間違っても，ギミックと連動していないシートはつくらないようにしましょう。また，ずっとニュートラルな状態が続いているシートもNGです。なお，このような取組に慣れていない方は，できるだけポジティブな方の領域へ感情を動かせるようにしていきましょう。慣れてくれば，次第にネガティブな領域へ意図的に動かして，そこからポジティブな領域へ持って

102

いくようなことも可能になるでしょう（それができる方は卓越した授業者ですね）。そうすることで，授業中の感情の動きの幅が大きくなり，授業への没頭度も高められるとともに，認知能力と非認知能力の一体的な育成が，ますます可能になることでしょう。

いかがでしょうか？　この手順や注意事項で実際にシートの作成ができそうですか？　ちなみに，私がかかわってきた学校の先生方でさすがだなぁと感心しきりになるときがあります。それは，先生方の中には初めてなのにすぐできてしまう先生もいらっしゃるのですが，どうしてそんなにスムーズにできるのかをたずねてみると，「いつもこれが頭の中にあるんです。ただそれをシートへ書き起こしただけなんです」と答えてくださるわけです。このように答えられる先生方は，これをすでに頭の中にお持ちなんですよね。まさに「授業の山場」を日常的に意識されている先生方……プロフェッショナルです！　もちろん，いまスムーズにできなかったとしてもご安心ください。「継続は力なり」とはよく言ったもので，「最初は時間がかかっていましたけど，書き続けている内に30分もかからずに書けるようになりました！」と教えてくださる方々もこれまた少なからずいらっしゃいます。第2章のエピソード記録などと同じで，日常的に続けることでシートがスムーズに書けるようになり，それに合わせてギミックを入れた授業もできるようになる……とても好循環ですね！　ちなみに，このギミックブラッシュアップシートは，みなさんができるだけ日常的に負担にならずに書いていただけるよう改良し続けてきたものですので，ぜひお役立てください。

さて，ここからは小中高で実際に作成されたギミックブラッシュアップシートをいくつか紹介しておきますので，今後のご参考にしてみてください。

〈岡山県津山市立院庄小学校　小学4年生算数〉

ギミックブラッシュアップシート		氏名	院庄小学校チーム

教科・学年など	算数・小4

単　元	面積

本時の内容／めあて	1 m²の量感を捉え，いろいろなもののおおよその面積を考えることができる／いろいろな面積を考えよう

	ギミック① （3分頃～10分頃）	ギミック② （12分頃～25分頃）	ギミック③ （30分頃～38分頃）
引き出したい力	（高める） 1 m²を具体物からとらえようとする意欲 （つながる） 班での協力・役割分担	（高める） 1 m²模造紙を重ねることで，1 m²に近いものを探そうとする意欲 （つながる） より小さいペアで協力	（向き合う） 1 m²模造紙を使わないという条件で面積にかかわる （高める） もっと効果的な面積の測量にかかわりたいと思う
仕込みたいギミック	班活動で，片方の辺が1mに満たない模造紙（マス目のみ）を2枚切り貼りして，1 m²の模造紙を作成する	班を2つに分けて，交代で教室内のいろいろなものから，より1 m²に近いものを探してくる	黒板が模造紙3～4枚ぐらいということを明らかにした上で，上のはみだし部分も含めてより正確な面積はいくらだろうかと突きつけられる
	□空間ギミック ☒教具ギミック ☒活動ギミック	□空間ギミック ☒教具ギミック ☒活動ギミック	□空間ギミック □教具ギミック ☒活動ギミック
期待できる姿	積極的に1mものさしをあてて，切り貼りしながら1 m²模造紙を作成する姿 班で役割を分担しながら作成する姿	班内の別ペアよりも1 m²に近いものを見つけにいく姿 （待っている間）班内の別ペアよりも1 m²に近いものを見つけようと探す姿	模造紙を班合併で並べることに喜ぶ しかし，正確な面積を突きつけられて困難さを感じている
感情イメージ	開始 ……………………………………………………………… 終了		

104

〈京都府長岡京市立長岡第三小学校　小学5年生国語〉

ギミックブラッシュアップシート		氏名	長岡第三小学校
単元名		国語科「伝記を読んで感想文を書こう～手塚治虫～」	
本時の内容		手塚治虫の小中学校時代やそれ以降の出来事を押さえ， 人物像をとらえることができる	
本時のめあて		手塚治虫の生き方について，交流を通して自分の考えを持とう	

ギミック	ギミック① （3分頃～18分頃）	ギミック② （20分頃～35分頃）	ギミック③ （42分頃～45分頃）
引き出したい力	・自分と向き合う力 ・自分を高める力	・他者とつながる力	・自分と向き合う力 ・自分を高める力
仕込みたいギミック	□空間ギミック ☒教具ギミック ☒活動ギミック	☒空間ギミック ☒教具ギミック ☒活動ギミック	□空間ギミック ☒教具ギミック □活動ギミック
	・前時までに読み取ったことを生かして，手塚治虫の人物像を紹介する1コマ漫画を描く。	・全員分の1コマ漫画をタブレット上に表示して読み合い，自分の考えに似たものや異なるものを探す。 ・考えが似ているものどうしで交流した後，異なるものどうしで交流する。	・手塚治虫の作品の一部を実際に見せて，手塚治虫が漫画を通して読者に伝えたいメッセージは何か想像する。
期待できる姿	・手塚治虫の人物像について積極的に考える姿。	・友達の描いた漫画を進んで読む姿。 ・似た／異なる考えを持つ友達と交流し，気づきを得ようとする姿。	・実際に作品を目にすることで喜びを感じている姿。 ・メッセージは何かという課題意識を持つ姿。
感情イメージ	開始		終了

ギミックブラッシュアップシート		氏名	東山中学校チーム

教科・学年など	社会・中2

単　元	どうする日本～きっと開国，もっと鎖国～

本時の内容／めあて	日米修好通商条約を結ぶ段階を学ぶとともに多面的な思考を身につける／日米修好通商条約を結ぶべきかどうかについて考えよう

	ギミック① （2分頃～12分頃）	ギミック② （12分頃～25分頃）	ギミック③ （25分頃～45分頃）
引き出したい力	自分なりの考えを見出そうとする向上心 グループ内での協力関係をつくる相互依存	違う意見に直面したときにもあきらめない回復力 他者の気持ちを創造的に理解しようとする共感性	自分なりの考えを見出そうとする向上心 グループ内での協力関係をつくる相互依存
仕込みたいギミック	条約を結ぶチームと結ばないチームに分かれて，それぞれの意見をまとめる その上で井伊直弼役の教師に各チームの意見をぶつける	井伊直弼からは，それぞれのチームに対して，決断しきれない悩みについて資料を使って打ち明ける ＊結ぶ→不利な条件を押し付けられる ＊結ばない→戦争になってしまい侵略される	井伊直弼から打ち明けられた悩みに対して答えるための手紙をチームで協力して書く（手紙には図表も入れられる）
	□空間ギミック □教具ギミック ☒活動ギミック	□空間ギミック ☒教具ギミック ☒活動ギミック	□空間ギミック □教具ギミック ☒活動ギミック
期待できる姿	グループの中で，どのように井伊直弼に伝えれば納得してくれるかを考え合う姿 チーム内でそれぞれが持っている情報を出し合う姿	煮え切らない井伊直弼に対してあきらめずに聞き出そうとする姿 井伊直弼の悩みを理解しようとすることで，自分たちとは違う見方を取り入れる姿	井伊直弼の悩みに答えられるような考えを出し合う姿 手紙にすることで，チーム内の役割分担が円滑にできて，協力できる姿
感情イメージ	開始　　　　　　　　　　　　　　　　　　　　　　　　　　　　　　　　　　　終了		

〈京都府長岡京市立長岡第二中学校　中学２年生英語〉

ギミックブラッシュアップシート			氏名	長岡第二中学校チーム
日時	２月13日（月）6校時		目指す生徒像	・英語を使って誰とでもコミュニケーションを取ろうとする生徒 ・学んだ文法を積極的に使おうとする生徒
教科・学年など	英語・２年　6組			
単元	Lesson７　Part２ （現在完了・経験用法）			
本時の内容 ・めあて	現在完了形（経験用法）の肯定文・疑問文・否定文を理解し，それを含む英文を伝えあったり，正確に書いたりする			

	ギミック① （10分頃～15分頃）	ギミック② （30分頃～40分頃）	ギミック③ （40分頃～50分頃）
引き出したい力	挑戦心	発信力	向上心
仕込みたいギミック	教師が出題する現在完了を用いたクイズに解きながら，自分ならどんな問題を作るかを考えさせる。	現在完了を用いたインタビュービンゴを行う。一人の相手に質問できる回数を１回までとし，自分が組む相手にどの質問をしたら，求めている回答を言ってくれるかを考えさせながら取り組ませる。	ギミック①で教師が出題した現在完了のクイズをロイロノート・スクールを使って作成させる。他の人が悩むような問題を作成するように声をかける。
	□空間ギミック ☒教具ギミック □活動ギミック	□空間ギミック □教具ギミック ☒活動ギミック	□空間ギミック ☒教具ギミック □活動ギミック
期待できる姿	クイズに積極的に解こうとしながら，自分が後で作るクイズのことも意識している姿	自ら進んで多くの人とペアを組み，コミュニケーションを取っている姿	意欲的に問題作成に取り組んでいる姿
感情イメージ	開始		終了

ギミック①　ギミック②　ギミック③

参観してほしいポイント，参観者に聞きたいこと	生徒が最後に取り組む内容を何にするかで悩みました。より今回の文法を使おうと思えたり，生徒の思考力を養うようなもので何か良いアイデアがあれば教えていただきたいです。

ギミックブラッシュアップシート		氏名	金山　純也

教科・学年など	音楽Ⅰ　高1
単　元	近・現代音楽に親しもう
本時の内容／めあて	音楽と物語の関係性について～「NHK 大河ドラマ」テーマ曲の鑑賞と考察①

	ギミック①（3分頃～20分頃）	ギミック②（20分頃～40分頃）	ギミック③（40分頃～50分頃）
引き出したい力	・自分をコントロールする力（自制心）・コミュニケーション力（相互理解）	・チャレンジする力（向上心）・思いやる力（受容・共感）・コミュニケーション力（相互理解）	・リスペクト（敬意・尊重）・思いやる力（受容・共感）・コミュニケーション力（相互理解）・自己を理解する力（俯瞰力）
仕込みたいギミック	ペアを組む。NHK 大河ドラマのテーマ曲をランダムに何曲か聴く（情報を伏せて）問い：A～Dのどれか？A：ゲーム音楽B：アニメ音楽C：ドラマ・映画音楽D：クラシック音楽回答によってグルーピング。＊絶対に喋らない。話す以外のコミュニケーションはOK。	聞かせたテーマ曲の中で好きなタイトルをグループで選び，主人公や物語についてリサーチ学習を行う（iPad 使用）＊グループワークグループで1枚のワークシートに書き込むため，メンバー内を仕切り，意見，まとめ（記入），盛り上げなどの役割を決めて進行する。	選んだ曲を自分たちが作曲した作品という設定で，音楽番組のゲストとして出演する（音楽的側面から分析・考察）ための台本を作成する。主人公・物語と音楽の構成がどのようにリンクしているのかなど，局から事前に提示されたアンケートをもとに作成次回，続き＋リハ・ON AIR!?
	☒空間ギミック☐教具ギミック☒活動ギミック	☐空間ギミック☒教具ギミック☒活動ギミック	☐空間ギミック☒教具ギミック☒活動ギミック
期待できる姿	アイスブレイクしながらも，積極的に曲に耳を傾け，興味・関心を高め，音楽に引き込まれていく姿自分たちが意識しない間に勝手にグルーピングされていることに対する，謎の盛り上がり!?	かっこいい，きれい，理由はわからないが何か好き…など，それぞれの主観・感性をもとに，グループで1つのタイトルを選ぶ手段を模索する姿（合意形成）使用可能な学習ツールと提示したルールやポイントを頼りに，主体的に活動する姿	主人公・物語を音楽でどのように表現しようとしたのかについて，作曲者本人になりきって分析・考察しようとする姿
感情イメージ	開始		終了

108

ギミックブラッシュアップシート			氏名	有岡桂佑

教科・学年など	理数数学特論・高2
単　元	平面ベクトルの内積
本時の内容 ・めあて	事象を数学的にとらえ，論理的に考えるとともに，思考の過程を振り返り多面的に考えることができる（数学的な見方や考え方）【数学科の目標】 問題解決に向けて既習事項，他分野，先行研究との繋がりを考え，数学的に探究することができる［Ⅴ　垣根を越える力］【育てるｉコンピテンシー】

	ギミック① (10分頃～15分頃)	ギミック② (15分頃～25分頃)	ギミック③ (35分頃～40分頃)
引き出したい力	（自分と向き合う） 自分の思考の過程を振り返る力	（つながる） 他者に自分の「なぜ」を打ち明けることができる共感性（高める） 質の高い「なぜ」や他者が気付いていない「なぜ」を提案できる力	（自分と向き合う） 振り返りを通して，探究ができた（できなかった）理由を説明できる力
仕込みたいギミック	(2)の問題文と(1)(2)の解答を見て「なぜ」と感じた部分を取り出す。 ＊(1)の問題文を空欄にしておき情報を少なくしておく。	グループで「なぜ」を共有する。Jamboard を用いて個人で「なぜ」を発表し，対話，まとめ，合意形成を経てグループでの「なぜ」を1つに決める。	生徒全員の振り返りの記述をテキストマイニングし，頻度の多いキーワードを黒板に表示する。
	□空間ギミック ☒教具ギミック □活動ギミック	□空間ギミック □教具ギミック ☒活動ギミック	☒空間ギミック □教具ギミック □活動ギミック
期待できる姿	既習事項との繋がりを考え，自ら問いを立てる姿 論理の飛躍を数学的考察で埋めようとする姿	グループの中で自分の「なぜ」の質を理解しようとする姿 ＊他者も多数出している共感性の高い「なぜ」なのか，誰も気付いていないユニークな「なぜ」なのかをグループ活動を通して個々の生徒が理解していく。	クラスの中で自分の「なぜ」の質を理解しようとする姿 受講者でなく参加者として授業に関わる姿
感情イメージ			

こうしてみると，校種や教科にかかわらず汎用的にご活用いただけていることがとてもよくわかります。いまでは，専門学校や大学の授業でも活用していただけているので，ますます校種を超えた汎用性の高さがうかがえます。

　ちなみに，このギミックブラッシュアップシートは，授業後の授業検討などでも大いに役立てることができるんです。例えば，先ほども事例としてご紹介した京都府長岡京市立長岡第二中学校では，教師が生徒集団として全体的な感情の見立てを行っているわけですが，実際に一人ひとりの感情はどうなんだろうかと，授業後の振り返りがてらタブレットを利用して生徒たち一人ひとりにも感情曲線を描いてもらうのです。すると，教師の見立てに似通っている生徒もいれば，見立てと異なっている生徒がいることもわかります。そこで，授業検討では，なぜこの生徒は異なってしまったのだろうか，教科内容に対する課題なのか，ギミックに対する課題なのかを全体で検討することに挑戦できているのです。また，生徒だけでなく，公開授業に参加した同僚教師たちから見た感情曲線などを共有して授業の検討に臨むことも可能になります。小学校は教科にかかわらず授業検討をしやすいのですが，中学校や高等学校になると，どうしても教科特性の壁が生じてしまいます。そのため，教科内容に焦点を当てて検討が進めば進むほど，他教科の先生方は意見をしにくくなってしまうわけです。そこにきて，感情曲線を踏まえてギミックについて検討をし始めるとどうでしょうか！　数学の授業検討の際に体育の先生が数学の授業のギミックを提案されている姿を見たとき，このシートを活用した授業検討の可能性を感じずにはいられませんでした。

3. 授業で認知能力と非認知能力を 一体的に育成する

　ここまで非認知能力を育成するための間接的な意識づけについて，特にギミックをキーワードにしながらご説明とご提案を進めてきました。中でも，ギミックブラッシュアップシートを活用することで，授業で認知能力と非認知能力を一体的に育成できる可能性について提案をしてきました。これまでも述べてきた通り，学校生活の中で大半を占める授業でこそ，各教科の認知能力と「学びに向かう力，人間性等」と呼ばれている非認知能力とを一体的に育成することが，今後の学校現場での重要な命題だと考えています。授業で認知能力，授業以外で非認知能力という分け方は明らかに時代錯誤です。だからこそ，各教科の各単元における各授業の中で，児童・生徒がすでに設定された認知能力（教科目標・教科内容）を獲得するために必要な非認知能力（学びに向かう力，人間性等）はなんなのかを教師は考えながら，双方の力を相補的かつ一体的に育成していくことを目指していきたいものです。ギミックをこの双方の力をつなげる接着剤にしていければよいですね。

　いま，学校現場では，先ほどのギミックブラッシュアップシートもそうですが，教師が一方的に教える授業ではなく，学習者たちが主体的・対話的に学べる授業が重視されています。そのため，すべての授業においてギミックを次々と入れていき，教師が教えるような授業はできるだけなくしていかなければならないととらえられがちです。しかしながら，毎時の授業ではなく，単元というひと塊として見たときには，その単元を構成するすべての授業が同じようにいわゆるアクティブ・ラーニングのような授業でなければならないのかという点について，私はそのようには考えていません。単元というひと塊の中には，教師による一斉授業もあれば，学習者たちによる協働学習も

あって，それらがカリキュラム化しているからこそ，より一層認知能力と非認知能力を一体的に育成する授業になるのではないでしょうか。言い方を換えるなら，１つの単元の中ですべての授業が教師主導で一方的に教えるばかりの授業というのもあり得ないとすれば，すべての授業が別に協働学習のような学習者主導でなくてもよいということなのです。単元を俯瞰して，必要なときに必要な方法をとることが大切になってくると考えられます。そのためにも，【３－４】のような単元マップを作成することをおススメしています。この単元マップは，縦軸に教師主導↔学習者主導，横軸に集団↔個人の２軸によって４象限化したものです。こうしてみると，右上は教師による一斉授業が強くなり，右下は学習者たちの協働学習，左上は教師による個別支援，左下は学習者個人の個別学習が強くなっています。この中で，単元を構成するそれぞれの授業がどこに位置づくのかをマッピングしていくわけです。ちなみに，それぞれになんらかのギミックが必要となる右上・右下・左下はわかりやすいのですが，左上に関しては授業中にとりわけ並行して個別支援が必要な授業を選択することになります。

【３－４：単元全体を俯瞰するための単元マップ】

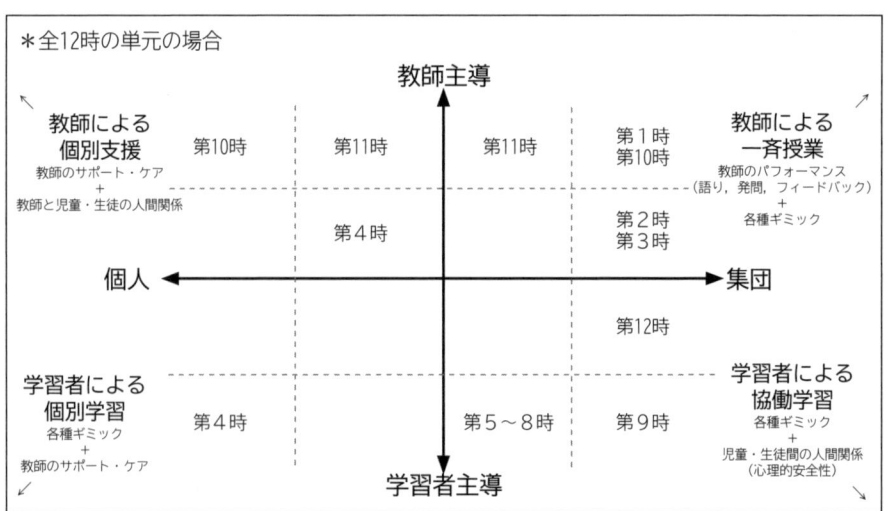

112

なお，この単元マップについては，すでに先進的に取り組んでいる広島県にある広島桜が丘高等学校の沖村先生による高校1年生日本史，単元名は「結びつく世界と日本の開国」の実際の単元マップを事例として紹介しておきます。

〈広島県広島桜が丘高等学校　高校1年生日本史〉

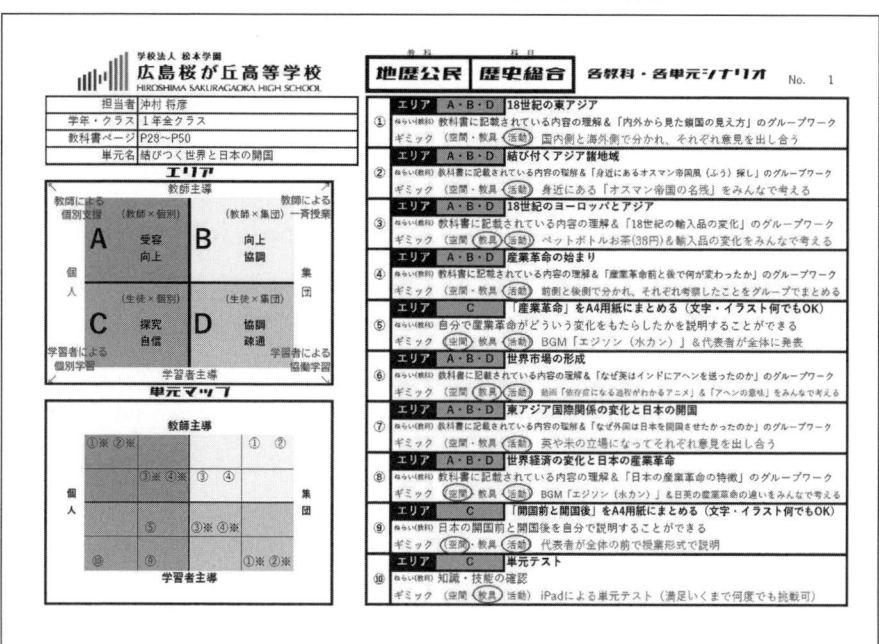

4. プロジェクト・ベースト・ラーニング を使いこなすために

　本章の最後に，認知能力と非認知能力の一体的な育成のために，もう一つ重要なことをみなさんと共有していきたいと思います。それが，みなさんもすでにご存じの「プロジェクト・ベースト・ラーニング（以下，PBL）」です。

　近年，学校現場における教育方法として，このPBLが注目を集めていることは，周知のことでしょう。特に，小中学校では「総合的な学習の時間」に，そして高等学校で始まった新しい学習指導要領（新課程）から必修科目となった「総合的な探究の時間」に関しては，その柱にPBLが位置づけられているといってもよいですね。PBLは，文字通りなんらかのプロジェクトを学習者が設定して，そのプロジェクトを遂行していくための課題解決の過程を通して学ぶことを意味しており，これまでのように一方的に与えられた（他人事の）課題をこなすというよりは，自分（たち）のものとなった（自分事の）課題を解決することができます。この課題については，自分（たち）で自発的に発見した問題から始まる場合もあれば，教師をはじめ周囲から提示された問題から始まる場合もあるでしょう。どちらの場合であっても，学習者である児童・生徒がその「問題」を自分のものとして承って（コミットして），解決したい「課題」として当事者意識を持つことが，PBLにとっての前提条件ともいえます。ここが成立すれば，以降の課題解決の過程において粘り強く取り組んだり，次々と積極的に取り組んだり，同じ課題解決をするパートナーたちと協働したり……といった非認知能力を意識する機会を生み出しやすくなります。それだけでなく，課題解決に必要となる知識や技能を自らつかみ取りにいったり，様々な思考・判断・表現をしたりで

きる経験にもつながるため，認知能力や思考力などの獲得・向上も同時に可能となるのです。また，プロジェクトに取り組む後半には，アウトプットしたり振り返ったりという機会を設けていくことも忘れてはいけません。こうしてみると PBL は，認知能力と非認知能力が一体的に育成できるとても有効な教育方法であり，ギミックの中でも「最強ギミック」になり得るといっても過言ではありません。ちょうど【3-5】のように，問題発見から課題解決に向けての方針（Anticipation），課題解決のための実行（Action），そして成果の共有などをした上での振り返り（Reflection）によって「AAR サイクル（次章で詳しく説明します）」を回していくことができれば，最強ギミックにできるのではないでしょうか。

【3-5：総合的な学習・探究の時間の柱となる PBL】

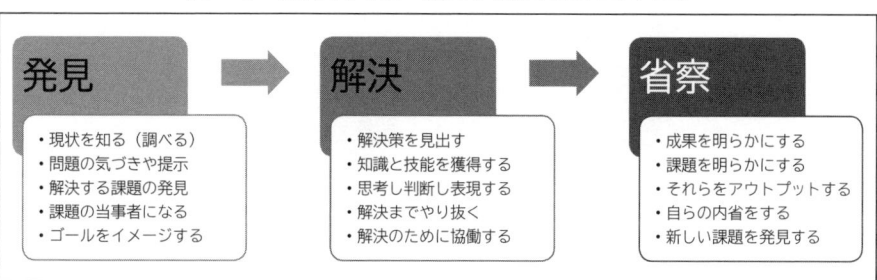

しかしながら，ここで一つ重要な指摘があります。たしかに，PBL は認知能力と非認知能力を一体的に育成するためにも，有効な教育方法であるのですが，私たちが PBL をイメージしたとき，得てして先ほどの総合的な学習（探究）の時間とイコールのものとしてとらえがちです。もちろん，総合的な学習（探究）の時間は PBL が柱にならなければなりませんが，もう少し解釈を広げるなら，別に総合的な学習（探究）の時間以外であっても，PBL はギミックとして行われていると考えることもできます。その前にまず，総合的な学習（探究）の時間についてですが，この時間に私たちは，何かとても壮大なプロジェクトをしなければならないのでは……という思いに駆られてしまいませんか？　というのも，優良事例として紹介される総合的

な学習（探究）の時間の成果が，どうしても「独自性の高い商品開発」であったり「思いもつかなかった斬新な企画」であったり「国際的な学会の発表」であったりするために，そこまでやらなければ成果として認められなくなってしまう……。その結果，教師の側の負担感がとても大きくなり「できる気がしない」状態が続いてしまう……。もし，そうなってしまったときには，改めて PBL の P（プロジェクト）の解像度を上げることをおススメします。まさに「複雑なものは分けよ」ですね！

　次の【3－6】をご覧ください。

【3－6：PBL のプロジェクトを4つに分解】

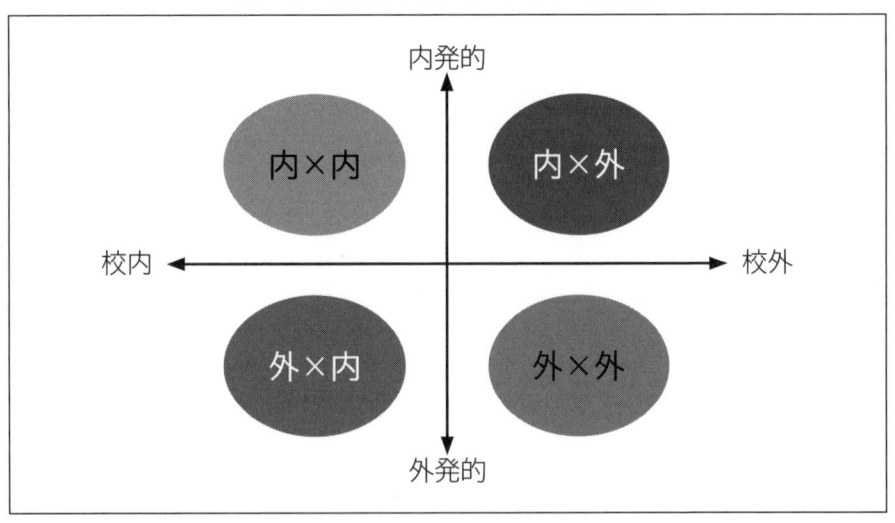

　これまでもご紹介した通り，複雑なものを分けるときには，2軸4象限のマトリックスがやりやすいのですが，ここでもそちらを活用してみましょう。それでは，まず縦軸に学習者（児童・生徒）の自発性について内発的↔外発的を設定しました。教師からの介入が特にない中で，自分たちで問題を発見し課題解決をし始めたのであれば内発的，教師から問題を提示されたりプロジェクトそのものの提案を受けたりすれば外発的，いずれにしても学習者が

自分のこととして承る（コミットする）ことが前提になりますが，プロジェクトのスタートはどちらでも OK ということですね。次に横軸は，プロジェクトを展開していく場について校内↔校外を設定しました。積極的に地域へ出ていって，地域の方々と一緒に課題解決をしているのなら校外，地域に出るというよりは学校の中で解決していくのなら校内となります。このようにすると，総合的な学習（探究）の時間の優良事例として紹介されるのは，右上（内発×校外）が多いと思いませんか？　そして，左下（外発×校内）はあまり優良事例として評価されないということも……。

　しかし，この４象限に位置づけられているものは，どこであってもすべて PBL の P になり得るということを忘れてはいけません。そして，どうしても右上（内発×校外）ありきになってしまうと，先生方の中に「できる気がしない」状態が蔓延してしまいかねないでしょう。だからこそ，左下（外発×校内）であっても，左上（内発×校内）であっても，右下（外発×校外）であっても，PBL になり得るということを前提に総合的な学習（探究）の時間では，目の前の学習者の実態（力量やモチベーションなど）に応じて臨んでいただければと思います。そして，このように PBL をとらえるならば，別に総合的な学習（探究）の時間に限らなくても，活動ギミックのようなギミックがちょっとした PBL になっているとも考えられませんか？　例えば，私が小学３年生の頃に，小学校の校門から１キロメートル先はどこなのかを，クラス全員が各自１メートルのものさしを手にして，順番に並んでいきながら１キロメートル先まで到達したことを覚えています。すでに40年近く前のことになるのですが，いまでもその活動をはっきり覚えていますし，校門から１キロメートル先がどこだったかもいまだにバッチリです。まさに，先ほどの活動ギミックを入れた授業であるとともに，右下（外発×校外）のプロジェクトでもあったといえます。

このように，総合的な学習（探究）の時間だけが PBL なのではなく，PBL が様々な授業の中に活動ギミックなどとしてちりばめられているということも大切にしていきたいものです。ともすれば，日常的に PBL を授業へ導入できている教師は，総合的な学習（探究）の時間に尻込みしにくい教師なのかもしれませんね。

　あともう一つ，PBL のプロジェクトを先ほどの通り4つに分解するだけでなく，プロジェクトには段階があることも【3－7】で示しておきましょう。このプロジェクトの段階には，個人的な段階から社会全体の段階まで5つの段階があると考えられます。また，特に学校の時間内（正課）や時間外（放課後・正課外）の区別はしていません。例えば，ずっと欲しかったものを買うためにお金を貯めて買うというのは個人的な課題なので「パーソナルプロジェクト」になります。休みの日に仲間内で数キロ先の川へ魚釣りに行こうというのは私的な小集団の課題なので「グループプロジェクト」です。そして，お楽しみ会や生徒会活動まで学級や学校の課題は「スクールプロジェクト」，まちの活性化のための地域イベントの開催などの地域課題は「ローカルプロジェクト」，環境問題を世間一般に広く発信していこうとなると社会全体の課題としての「ソーシャルプロジェクト」になるでしょう。

【3－7：PBL のプロジェクトには段階がある】

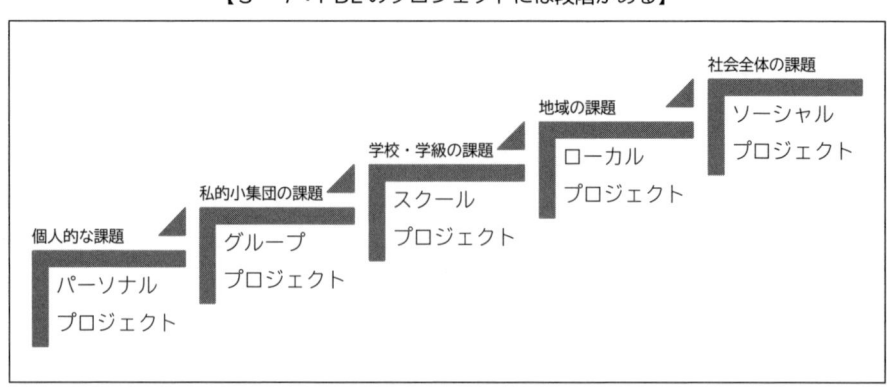

このようなプロジェクトの段階を押さえておくことで，先ほどの4つの分類とはまた違う視点でプロジェクトを位置づけることができます。特に，子どもたちの放課後にも少なからずかかわっている私としては，放課後の自由な時間に自分や仲間とやりたいことができるパーソナルプロジェクトやグループプロジェクトの段階を小学生の時期に経ているかどうかは重要な問題だととらえています。段階が意味するように，やはり小中学校時代にパーソナルプロジェクトなどの段階を経ていないのに，いきなり高校の総合的な探究の時間でソーシャルプロジェクトを取り組ませていくのには無理があるでしょう。もちろん生徒の実態に応じることになりますが，先ほどのような生徒であれば，まずプロジェクトはソーシャルである前にパーソナルやグループから始めざるを得ないかもしれません。こうしてみると，子どもの正課と正課外（放課後）といった横糸と乳幼児から始まり小中高といった縦糸とが紡ぎ合って，その子のいまがつくられていることがよくわかります。そう考えるなら子どもにとってどの時期も本当に大切だし，教師も校種を超えて広い視野で目の前の子どもをとらえていく必要があるのかもしれません。

第3章

第4章

ステップ4.0

量的×質的な振り返りと定期的な自己評価

いよいよ，ステップ4.0へ……

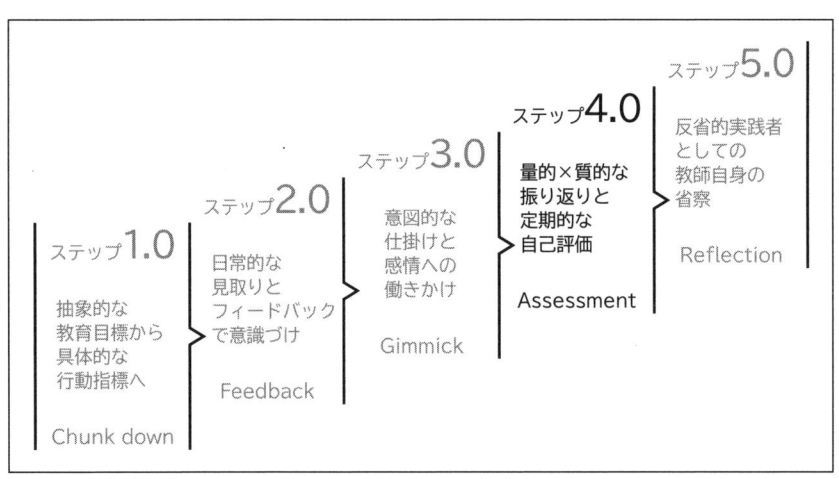

ステップ5.0
反省的実践者としての教師自身の省察
Reflection

ステップ4.0
量的×質的な振り返りと定期的な自己評価
Assessment

ステップ3.0
意図的な仕掛けと感情への働きかけ
Gimmick

ステップ2.0
日常的な見取りとフィードバックで意識づけ
Feedback

ステップ1.0
抽象的な教育目標から具体的な行動指標へ
Chunk down

Assessment

1. 非認知能力をどう評価する？

　いま，学校現場での最大の関心ごとの一つが，このタイトルではないでしょうか？　非認知能力……つまり，学校現場における児童・生徒の「学びに向かう力，人間性等」を「主体的に学習に取り組む態度」という観点で評価するためにはどうしたらよいのか，という問題です。

　結論から言ってしまえば，非認知能力は，「非」認知能力として客観的な点数にして測定・把握ができる認知能力ではないといっている時点で，認知能力と同じように評価はできないということになります。仮にそのような評価をしても客観性に欠けてしまうということですよね。併せて，第0章でもふれましたが，非認知能力の中のどの力を評価したいのかがはっきりしていなかったり，仮にその力を育成できたとしても状況に依存しやすい力であるために，両義的でいつもその力がプラスに働くとは限らなかったりしてしまいます。では，なんのために評価をするのでしょうか？

　この問いを踏まえて，私は学校現場の先生方から「評価はどうすればよいでしょうか？」というお問い合わせをいただいた際に，「なんのための評価をされたいですか？」とおたずねするようにしています。別に皮肉を言っているわけではなく，かなり本気でおたずねしているのです。すると，先生方のお答えは大きく分けて次の3つのパターンになります。

〈評価をどうすればよいのかというお問い合わせのパターン〉

パターン１：成績の評定（Grading）

　先ほどの通り，児童・生徒の学びに向かう力，人間性等について，学期や年度の指導要録及び調査書へ評定として出すためにどうすればよいだろうか？

パターン２：検証の結果（Evidence）

　非認知能力の育成に関係する研究指定校になった関係で，最終的になんらかの成果を検証結果として可視化するためにはどうすればよいだろうか？

パターン３：変容の把握（Assessment）

　うちの学校の子どもはとりわけ「○○○○（なんらかの非認知能力）」が低いと感じるために育成していきたい。そのためにも現状からその後の変容を把握するためにどうしたらよいだろうか？

　たしかに，一言で「評価」と言っても，評定を出すためなのか，検証結果を示すためなのか，変容を把握するためなのか……それぞれ目的が異なっていますし，目的によって評価の方法も変えなければなりません。ちなみに，最も難しいのは，やはりなんらかの非認知能力の育成に対する成果を検証結果（エビデンス）として可視化するパターン２ではないでしょうか。多くの場合，エビデンスとして示すときには，定量化されたデータに基づきます。この方法が最も客観性も高くて説得力もあるからです。しかし，このデータを出そうとしたとき，例えば本人たちの自己評価であったり，相互評価であったりという主観の域を超えられない難しさを常に抱えざるを得ません。それこそ，一人ひとりの頭の中が瞬時にはっきり見えて，「脳のこの部分が活性化している！」などと示すことができればよいのですが……。私の知る限

りでは，まだまだそれは現実的ではなさそうです。その上で，「こういうことをすれば，こんな非認知能力を伸ばすことができそうですよ！」と言ってしまっています。そのため，ここでは十全な客観的エビデンスをベースにしているのではなく，目の前の児童・生徒の姿や行動から見取る中で，現場の実践者たちが感じた手応えをベースにせざるを得ない，常に仮説と提案に基づいて語られていることは否めません。学校現場では，このジレンマを抱えながら，いかに客観性を高く持った結果を示せるのかに挑まなければならないため，最も難しさを感じてしまうわけです。

　その上で，パターン１（成績の評定）とパターン３（変容の把握）については，お互いを関連づけながら取り組んでいる事例も学校現場で生まれてきています。そのためのカギとなってくるのが，「振り返り（Reflection）」です。次節では，この振り返りによる評価についてご紹介していきましょう。

2. 振り返りによる評価

　学校現場では，授業などの終わりに，よく「まとめ」と「振り返り」の２つを児童・生徒に行うようにしています。しかし，ときどき，この２つが一緒になってしまっている，つまり同じことをさせてしまっている現状を目にすることがあるのです。そもそも，「まとめ」とはその日の授業や単元ごとに学習者が学んだことを自らの言葉で，文字通りまとめることを意味しています。つまり，あくまでも教科内容に基づいたまとめになっていなければなりません。一方の「振り返り」は，学習者が学んだ教科内容もですが，学習者自身がはっとさせられたことや，真剣に悩んだこと，そこから見出せたこと，さらにはこの授業にどのような思いで臨んだのかなどの振り返りが求められます。このように，振り返りは教科内容のまとめと異なり，学習者が学習の過程で自分自身はどうだったのかを客観的に見直してみるということなのです。このことを踏まえて，私は体験と経験と学びの構造を【４－１】のように示します。まず体験ですが，この体験とは，児童・生徒が授業を受けたり，学校行事に取り組んだりと，それこそいろいろなことへ参加するところから始まります。しかし，ここで体験したことと経験したこととは決してイコールではありません。この経験への段階，さらには学びへの段階に進んでいくためには何が必要なのかというと，振り返りなのです（よく，内省という言葉も使われます）。体験から生まれた感情の動き，体験から見出された新たな気づき，これらが何だったのかを振り返り，自分の中へ内面化することで，体験を経験へと変えていくことができます。さらに，そこから得られた教訓，今後改善が必要なことや気をつけなければならないこと，これからの見通しや方向性にまで持っていければ，経験を学びへつなげられたことになります。これが，体験から経験，経験から学びへとつながる過程になる

のですが，この過程において振り返りがとても重要な役割を果たしているわけです。

【4－1：体験から経験，経験から学びへ】

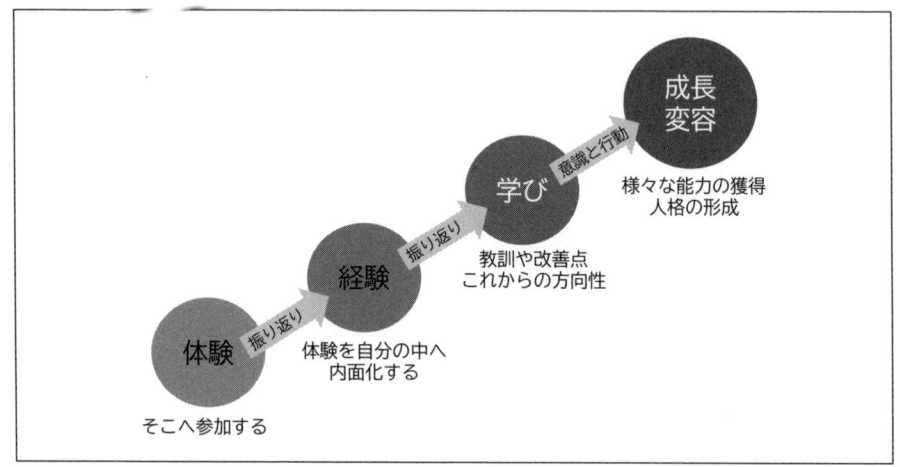

　第0章でもご紹介した「非認知能力育成のためのピラミッド」を思い出してみてください。あそこで，教師が児童・生徒へ働きかけたいところは，価値観と自己認識と行動特性でしたよね。意識のベースとなる価値観，意識を明確にして行動へとつなげる自己認識，そして行動をパターン化・習慣化する行動特性という3層構造になっていました。この中で，最も振り返りとの関連性が強いのは，おわかりの通り「自己認識」になります。自己認識は，自己客観視と自己調整をすることでしたが，これって振り返りとは切っても切れない関係ですよね。また，自己認識はピラミッド構造の通り価値観と行動特性の間にあって，それぞれをつなぐ役割を果たしている点から見ても，振り返りが児童・生徒の非認知能力を単に伸ばすというだけでなく，様々な状況に応じて使いこなせる（できるだけプラスに発揮できる）ように育てていく上でも重要であることがわかります。また，前章でもふれた OECD（経済協力開発機構）が2030年に向けて学びの主体者（Agency）となるために必要だと提唱している「Learning Compass 2030」では，【4－2】のよ

うな「AARサイクル」を回すことが必要だとされています。このAARサイクルは，経営学の領域で使われてきた「PDCAサイクル」の教育版と言ってしまってもよいのではないでしょうか。Plan（計画）がAnticipation（見通し・方針）に該当し，Do（実行）がAction（行動）に該当します。そして，Check（点検・評価）とAct（改善）を一元化したのがReflection（振り返り・省察）になります。いずれもサイクルなので，Actが次のPlanへ，Reflectionが次のAnticipationへとつながっていく中で，サイクルは回り続けるわけです。こうやって，認知能力を獲得するための学びだけでなく，なんらかの非認知能力を伸ばして使いこなしていくための学びにおいてもAARサイクルを回すことの必要性が世界的にも認識されています。

【4－2：OECDによるLearning Compass 2030】

それでは，ここで非認知能力の育成という観点から振り返りを活用した事例を紹介しておきましょう。まず，岡山県勝央町立勝間田小学校の事例です。わが国が，いや，世界中がコロナ禍に突入した2020年……それ以前から非認知能力の育成に力を入れ始めていた勝間田小学校は，秋の運動会で多くのことができなくなった中でも，全校をあげて非認知能力を育成するような取組

に挑みました。それが，「運動会−振り返り−非認知能力」だったのです。この取組は，第０章の最後でご紹介した教育実践ステップ5.0などというものがまだできていなかった頃に行われたのですが，構造的にはやはり同じものになっていたのだと改めて実感できます。まず，ステップ1.0のように運動会で伸ばしてほしい非認知能力と行動指標を教師が明らかにします。次に，ステップ2.0のように，その非認知能力と行動指標を児童とも共有するのです。この後のステップ3.0のギミックは運動会の取組そのものということになりますね。そして，今回のステップ4.0の振り返りですが，実はこの振り返りをステップ2.0と兼ね合わせた形になっているのが，次のシートになります。

〈岡山県勝央町立勝間田小学校の運動会の振り返りシート：運動会前〉

おわかりですか？　このシートは，運動会の取り組み前に行ったものですが，非認知能力や行動指標を児童と共有する（ステップ2.0）と同時に，あらかじめ５段階の自己評価を児童にやってもらっています。その上で，この

運動会で伸ばしたい項目を選んでもらい，その理由も書いてもらっています。こうすることで，意識のスイッチをオンにすることができますし，この児童（以下，A児）に至っては項目7「わたしは，集団の中で自分が何をするべきか考えて，意見を出したり，自分の役割を果たしたりできる」を選んだ上で，その理由の中に，自分で設定した行動指標が明記されているのです。つまり，「みんなとの時間のときに，意見を自分からなかなか言えないから」という理由は，みんなとの時間のときに自分から意見を言えるようになれば，この自己評価の「2」をそれ以上にできるという意思表示になっていることがわかります。この意識のスイッチオン，そして行動指標の設定を可能にしているのが，いまの自分の振り返り（自己客観視）であることはおわかりの通りです。さて，勝間田小学校では，運動会の取組期間中の約1か月の間，このシートを使って2回の振り返りを行いました。その上で，運動会が終わった後の振り返りとしてもう1回行っているのです。計4回の振り返りを行ったときの4回目のシートが次になります。

〈岡山県勝央町立勝間田小学校の運動会の振り返りシート：運動会後〉

いかがでしょうか？　ほかの項目もさることながら，あれだけ低く自己評価をしていた項目７が，見事に最も高い「５」へと変わっています。そこには，やはり事前に自ら設定していた「みんなとの時間のときに，意見を自分から言えるようになる」に基づいた自己評価がされていることもわかります。また，冒頭にある「運動会がおわって，私は成長したと思います」という言葉からも，Ａ児が運動会の取組を通して自信を持てるようになったこともうかがえます。言うまでもなく勝間田小学校では，別にこのことを評定へつなげようというわけでもありませんし，本当にこの子に非認知能力が育ったのかという客観的なデータをとりたいわけでもありません。ただ，Ａ児自身が，そしてＡ児とかかわっている教師が，あらかじめ設定した非認知能力を伸ばせているという「変容の把握」ができたことは間違いありませんし，同時にこのシートを媒体とした振り返りそのものが，この変容をつくり出すきっかけになっていることがわかります。

　第２章のステップ2.0で，私は教師の側だけでなく，児童・生徒の側にも見取りのレンズを自ら持って（意識のスイッチをオンにして）おけば，自分自身でフィードバック（振り返り）がしやすくなることを提案しました。この自ら見取ってフィードバックを可能にしているのが，このシートと４回にわたる振り返りの実施の成果だったといえるでしょう。勝間田小学校の事例から私たちは，児童・生徒の評価は単に評価だけでとどまっているのではなく，児童・生徒の育成を支えてくれるものであるということを学べたのではないでしょうか。

3. 児童・生徒の助けを借りよう！

　振り返りと評価について，さらに続けていくことにします。今度は，2021年度に大阪府泉佐野市立新池中学校の理科の授業で徳留先生が取り組んだ振り返りと評価の方法についてです。まずは，毎時の授業で取り組まれてきたこちらのシートをご覧ください。こちらも先ほどの勝間田小学校と同様に，ステップ1.0と2.0と4.0を組み合わせることができています。このシートでは，あらかじめ生徒と共有した非認知能力と行動指標（ルーブリック）に基づいて，授業開始時点で左上の欄へ書いてもらうことで意識のスイッチをオンにしているわけです。そして，授業終了後には行動指標に基づいた自己評価と振り返りを行っています。このシートもまた自らの見取りとフィードバックを可能にしていることがわかりますね。

〈大阪府泉佐野市立新池中学校　徳留先生による日々のふりかえりシート〉

そして，こうした毎時の取組を経て，今度は単元の振り返りです。単元の振り返りともなると，これだけの分量を書くことができている時点で驚かされます。しかも，この生徒だけが特別によく書けているわけではなく，書けている量や内容についても生徒間で大きな差がないからますます驚かされます。このように，毎時振り返るという習慣も大切ですし，その振り返りに常に自らの見取りとフィードバックをできるようにして，振り返りの質を高めていることもポイントになりそうです。ちなみに，問1では単元内の毎時のシートを見返しながら，左上に設定した非認知能力の数を書く中で，単元全体で自分が何をどれだけ意識しようとしたのかを改めて振り返れるような工夫も凝らしています。また，徳留先生はこの単元の振り返りを「主体的に学習に取り組む態度」の評定にも活用していましたので，あらかじめ何を評価するのかをルーブリック化して公表していることも特徴の一つといえます。

　今回の徳留先生の事例では，日常的な振り返りの習慣と質がいかに大切かを学べたと同時に，単元という一定期間の振り返りを使って「主体的に学習に取り組む態度」の評定へ反映させられることもわかりました。これもまた振り返りの可能性の一つですね。たしかに，「主体的に学習に取り組む態度」を真に評定にまでつなげるのは困難極まります。その理由は，本章の冒頭で申し上げたパターン2の検証結果（エビデンス）の難しさとよく似ています。それゆえに，客観的に点数化できる認知能力と同じように評定を出すことは，基本的にできないわけです。簡単に言ってしまえば，「主体的に学習に取り組んだテスト」を実施して，点数にして，平均点や順位を出して……なんてことはできないということですね。かといって，どんなに専門性の高い優れた教師であったとしても，その教師の見取りだけで目の前の子どもたち一人ひとりが，主体的になれているかどうかを把握していくことにも限界があるでしょう。何よりも，子どもたち一人ひとりの頭の中を見ることは不可能です。

〈大阪府泉佐野市立新池中学校　徳留先生による単元のふりかえりシート〉

理科B　単元1　生命の連続性　ふりかえりシート

3年	████████	名前	████████			
総合評価			問1	問2	問3	問4	問5

問1 日々のふりかえりシートを見返し、各非認知能力を設定した回数を記入しなさい。また、特にどのような場面で意識し、どのような行動をとることができたか具体的に記述しなさい。

自制心	2	忍耐力	0	俯瞰力	0	向上心	1	自尊心	1
楽観性	3	敬意・尊重	1	受容・共感	0	相互理解	0		

（手書きの記述）

A	非認知能力の回数が記入されていて、場面と行動も具体的に記述できている。
B	非認知能力の回数が記入されているが、場面と行動が具体的に記述できていない。
C	非認知能力の回数が記入されているが、場面と行動が記述できていない。
D	非認知能力の回数が記入されていない。

問2 単元を通して、あなた自身が自分の意志や判断によって主体的に取り組むことができたことを具体的に記述しなさい。

（手書きの記述）

	評価の観点
A	自分の意志や判断は明確であり、内容も具体的に記述できている。
B	自分の意志や判断は明確であるが、内容が具体的に記述できていない。
C	自分の意志や判断は明確である。
D	自分の意志や判断は明確でない。

問3 なぜあなたは問2のように取り組むことができたのですか？以前のあなたと比べながらその理由を記述しなさい。

（手書きの記述）

	評価の観点
A	以前と比べて何が、なぜ変わったのかを明確に記述できている。
B	以前と比べてはいないが、何が、なぜ変わったかを明確に記述できている。
C	何が変わったのかは記述できているが、なぜ変わったのかは記述できていない。
D	何が変わったのかも記述できていない。

問4 単元を通して、あなた自身が自分がぶつかった困難な状況や新たに気づいたあなた自身の課題について、具体的に記述しなさい。

（手書きの記述）

	評価の観点
A	困難な状況や課題について、具体的に記述できている。
B	困難な状況や課題について説明しているが、具体的に記述できていない。
C	困難な状況や課題そのものを記述できていない。

問5 問4に対し乗り越え、成長するために、特に意識していく非認知能力を答えなさい。また、どのような行動をするのかを具体的に記述しなさい。

非認知能力	忍耐力

（手書きの記述）

	評価の観点
A	非認知能力について明確であり、行動について具体的に記述できている。
B	非認知能力について説明しているが、行動について具体的に記述できていない。
C	非認知能力については明確であるが、行動について記述できていない。
D	非認知能力そのものが明確にできていない。

問1 日々のふりかえりシートを見返し、各非認知能力を設定した回数を記入しなさい。また、特にどのような場面で意識し、どのような行動をとることができたか具体的に記述しなさい。

自制心	2	忍耐力	0	俯瞰力	0	向上心	1	自尊心	1
楽観性	3	敬意・尊重	1	受容・共感	0	相互理解	0		

自制心を設定した日には、自分をコントロールして真面目に課題に取り組むことができた。例えば、自分にとってやるべきことがたくさんありすぎて何から始めればいいか悩むような日でも、やるべき課題の順序を決めて、それが周りのスピードとは違っても集中して頑張ることができた。楽観性が一番多いのは、自分はとてもネガティブ思考で、「こんなに難しい問題は無理だな。」とあきらめてしまうことがよくある。それに理科Bは難しい問題が多いので、それでもあきらめずにわからなくても考えてみたり、誰かに教えてもらったり、プラス思考で自分の学びを深めることができた。敬意・尊重は、性徒授業の時に、自分は人前で立つことでさえ難しいのに、○○さんたちが理解できる解説をする能力を持っていて、そんな人たちをリスペクトしながら○○さんたちに関して……

A	非認知能力の回数が記入されていて、場面と行動も具体的に記述できている。
B	非認知能力の回数が記入されているが、場面と行動が具体的に記述できていない。
C	非認知能力の回数が記入されているが、場面と行動が記述できていない。
D	非認知能力の回数が記入されていない。

第4章

例えば，とてもにこやかに授業に臨んでいる子どもがいたとします。教師の側から見るとそのにこやかさから，とても意欲的な印象を持ったとしましょう。しかし，そのにこやかさが，この後の給食のメニューのカレーライスからきているものだとしたらどうでしょう。残念ながら，授業ではなく給食に対して主体的（？）になっていたと考えられますね。一方で，ノートもとらずに小難しい表情を浮かべながら授業に臨んでいる子どもがいたとします。一見すれば，先ほどのにこやかな子どもと比べて，やる気のようなポジティブな印象を受けることはありませんでした。ところが，その子こそ，頭の中で「もっとこうは考えられないだろうか」「こんな方法もあるんじゃないか」などと真剣に考えていたとしたらどうでしょう。ともすればこの子は，ほかの誰よりも主体的に学習に取り組めていたといえるかもしれません。

　このように，本人の頭の中は本人から教えてもらわないと，なかなか把握することはできません。だからこそ，振り返りを評価のための手立てに活用することができるわけです。私はこの振り返りを使った評価（評定も含む）を「児童・生徒の助けを借りる評価」と呼んでいます。助けを借りるという意味は先ほどの通りです。あなたの授業中の頭の中を教えてほしい，ということですよね。しかしながら，助けを借りる以上は，その子自身の「振り返る力」の育成も教師には求められるということになります。例えば，私たちが自宅で料理をしているときに，誰かに野菜を切ってもらいたいとしましょう。そこで，わが子に野菜を包丁で切ってほしいと助けを借ります。このときに，わが子がお手の物で野菜をサクサク包丁で切ってくれれば，とても助かりますよね。ところが，わが子にはまだ野菜を包丁で切るという技術が備わっていなかったとしたらどうでしょう。当然のことながら，助けを借りるどころではありませんよね。この話と同様のことが振り返りにもいえるわけです。それが，助けを借りる以上は「振り返る力」を育成しなければならないということになります。もちろん，評定にもかかわってくるわけですから，現時点で「書ける子」だけがギッシリと振り返りを書けている状況に甘んじ

ていてはいけません。「書けない子」がいるのなら「書ける子」へ育ててい
くのもまた教師の重要な役割なのです。

　それでは,「振り返る力」とはどのような力なのでしょうか？　先ほどの
「書けるか,書けないか」ということも,この振り返る力の中に含まれます。
大きく2つに分けるなら,「言語化できる力（語彙力や文法力などが該当し
ます）」と「自己客観視できる力」になるでしょう。つまり,振り返る力に
は書く力（＝言語化できる力）だけでなく,自己客観視できる力も併せて求
められることになります。だからこそ,先ほどの振り返りの習慣と質が求め
られるのです。授業であっても授業以外であっても,日常的に振り返りを行
うことで「振り返る力」を育成することができるでしょう。

4. 振り返りによるログとアセスメント，メタ認知

　さて，ここまで紹介してきた振り返りですが，さらに詳しくご説明をしていきましょう。まず，この振り返りについては，その時々の「状態」を把握するためのログ（記録）と，一定期間の「変容」を把握するためのアセスメント（評価）とがあります。先ほどの，徳留先生の事例でいうならば，「日々のふりかえりシート」という毎時行っていた振り返りがログになります。もう一つの「単元のふりかえりシート」は，中期的な期間である単元の最初と最後（ビフォア→アフター）を比較してどうだったかという一定期間での変容を把握しているため，アセスメントになります。勝間田小学校の場合も運動会の取組前，取組中，取組後の状態をそれぞれ把握しながらも，以前の自分との比較を行っているため，アセスメントになっているといえそうです。この2つの区別は，ログとアセスメントのどちらが大切かという話ではなく，それぞれの目的に応じてログやアセスメントの活用をしていきましょうということなのです。

　例えば，日常的な状態を把握する際におススメしているのが「ログシート」です。こちらは，これまでのステップでご説明してきた内容が盛り込まれています。上側のチェックイン（セットアップ）の項目は，ステップ1.0を児童・生徒と共有した上で，ステップ2.0の意識のスイッチオンを行っています。その下には，チェックアウト（リフレクション）の項目があり，行動評価を5段階で自己評価できるようにしたり，ステップ3.0でご紹介した感情曲線を描けるようにしたり，これらを踏まえて理由を言語化できるようにしています。こうすることで，自らの見取りとフィードバックを可能にしました。もちろん，振り返り習慣を子どもたちにつけさせたいんだというこ

とでしたら，このログシートすべての項目を毎時取り組んでいただいても結構ですが，さすがにすべての項目が大変そうであれば，もう少しシンプルにしていただいたり，毎時ではなく頻度を少なめにしていただいたりも可能です。決してこうでなければならないというものではありませんので，そこは気軽に使ってみてください。

　次に，一定期間の変容を把握する際におススメしているのが「アセスメントシート」です。こちらは，先ほどの徳留先生の事例と同様に，１つの単元などの一定期間での振り返りができるようにしてつくられたものです。そして，単元ごとの評定としても使えるように，ＡＢＣの評価もでき，なおかつ児童・生徒に対して各項目のルーブリック評価を開示しています。項目的には３つしかないのですが，ログシートと連動させながら，ステップ1.0の非認知能力や行動指標を活用しながら，期間中の自らの意識と行動を振り返るだけでなく，学習内容とのかかわりについても振り返ることができるようにしています。こちらについても，学校や児童・生徒の実態に応じながら，先生方が児童・生徒にどのような振り返りをしてもらいたいのか，そして，それをどのように評価（評定含む）と重ねていきたいのかを形にしていっていただければと思います。

　なお，繰り返しになりますが，アセスメントシートのアセスメントは，その時々の「状態」の把握ではなく，一定期間の「変容」の把握です。この変容というのは，教師が「教育」として目的意識的に児童・生徒へ働きかけたときに起こり得る変容のことを指しています。したがって，このアセスメントシートなどによって一定期間の児童・生徒の変容を把握する以上は，特に教師が意図することなく，無為かつ偶発的に起きた変容を把握したいのではないのです（もちろん，こちらの変容を把握することも必要です）。したがって，教師の様々な実践によって，どのような変容が起こったのか（起こらなかったのか）を把握するためのアセスメントでなければなりません。それ

は，次章でも説明しますが，児童・生徒の変容を評価するということは，教師の実践の評価とコインの両面の関係にあるからなのです。

　ときどき，５段階の自己評価を取り入れたアセスメントを学校単位でやってみても，先生はクラスのシートを回収するだけ回収して，１枚のシートにも目を通すことなく集計へ回すといったことがあります（とても稀ですけどね……）。以前の私は，そういう先生って気になる児童や生徒が，どのように答えたのか気にならないのかな……と思ってしまうこともあったのですが，あるとき，ダイエットしていないときは体重計に乗りたがらなかった自分のことをふと思い出したんです。「あいつは，もっと自分に自信を持てたらい

いのになぁ……」と悩みなが
ら一人の生徒にかかわり続け
てきた先生なら，きっとその
生徒の自信に関連した項目の
自己評価を真っ先に見ること
でしょう。授業で協働学習を
積極的に取り入れてきた先生
は，子どもたちのコミュニケ
ーション力や共感性や協調性
に関連した項目が気になって
しょうがないでしょう。そし
て，そんな先生たちでしたら，
きっとその先に見える教師自
身の実践（子どもとのかかわ
りや授業づくりなど）の改善
へとつなげていくことができ
ると確信しています。

〈ログシート例：Ａ５サイズ〉

氏名			日付	／	時間	

☑チェックイン

セットアップ	意識したい力	＊ステップ1.0で作成した力を記載
	意識したい行動	＊ステップ1.0で作成した行動指標を参考

☑チェックアウト

リフレクション	行動評価	できていた → → → できていなかった 5　　4　　3　　2　　1
	感情	S　　　　　　　　　　　　　　　　G
	理由	

〈アセスメントシート例：Ａ４サイズ〉

氏名		日付	／	評価	

1	期間中のログシートを見返して，セットアップした力の回数と行動評価の平均を記入しなさい。		
＊ステップ1.0で作成した力を記載		回	点
＊ステップ1.0で作成した力を記載		回	点
＊ステップ1.0で作成した力を記載		回	点
＊ステップ1.0で作成した力を記載		回	点
＊ステップ1.0で作成した力を記載		回	点
A	セットアップした力の回数と行動評価の平均がいずれも正確に記入できている		
B	セットアップした力の回数と行動評価の平均がいずれも記入できている		
C	セットアップした力の回数のみ記入できている		

2	1で回数を記入した力（複数可）について，特にどのような場面で意識して，どのような行動をとることができたのかを具体的に記述しなさい。
A	場面と行動のいずれも記述できていて，行動について具体的に記述できている
B	場面と行動のいずれも記述できている
C	場面と行動のいずれかだけが記述できている

3	1で回数を記入した力（複数可）を意識することで，この期間中の授業内容をどのように学ぶことができるようになったのかを具体的に記述しなさい。
A	期間中の授業内容と1の力との関連性が具体的に記述できている
B	期間中の授業内容と1の力との関連性が具体的ではないが記述できている
C	期間中の授業内容については記述できている

振り返りについてもう一つ！　状態や変容の把握のために行ってきた振り返りですが，実はこの振り返りが習慣化すれば，「メタ認知」もできるようになると言われています。

　メタ認知という言葉もかなり知れ渡るようになりましたよね。ここで簡単にご説明するなら，メタ認知とは，自分のことを客観的にとらえることで，自分自身のモニタリング（観察）とコントロール（調整）をすることです。ここでは，上述した第０章の「非認知能力育成のためのピラミッド」における自己認識の中でも，特にリアルタイムで自己認識していることをメタ認知としています。これができるようになれば，いま，ここで自分や周囲の状況をモニタリングした上で，状況に応じた自分自身のコントロールができるわけです。もちろん，私たちは様々な状況に遭遇するわけですから，メタ認知によってその様々な状況に対応が可能となります。そう考えると，メタ認知はあらゆる場面で必要ですよね。もちろん，子どもたちだけでなく，教師をはじめとした社会人にとっても必要不可欠です。

　それでは，このメタ認知ができるようになるためには，何が必要なのでしょうか？　そうです！　振り返りです！　もっと正確にお伝えするなら「行為の後の振り返り」をすること……先ほどのログシートやアセスメントシートもそうですし，日記や生活ノートのようなものもそうです。これらを通じて，子どもたちが「行為の後の振り返り」を続けることで，「行為中の振り返り」ができるようになると言われています。振り返りとは自分のことを客観的に見ることでしたよね。つまり，この「行為中の振り返り」こそが，先ほどからキーワードになっているメタ認知そのものになります。【４－３】をご覧ください。

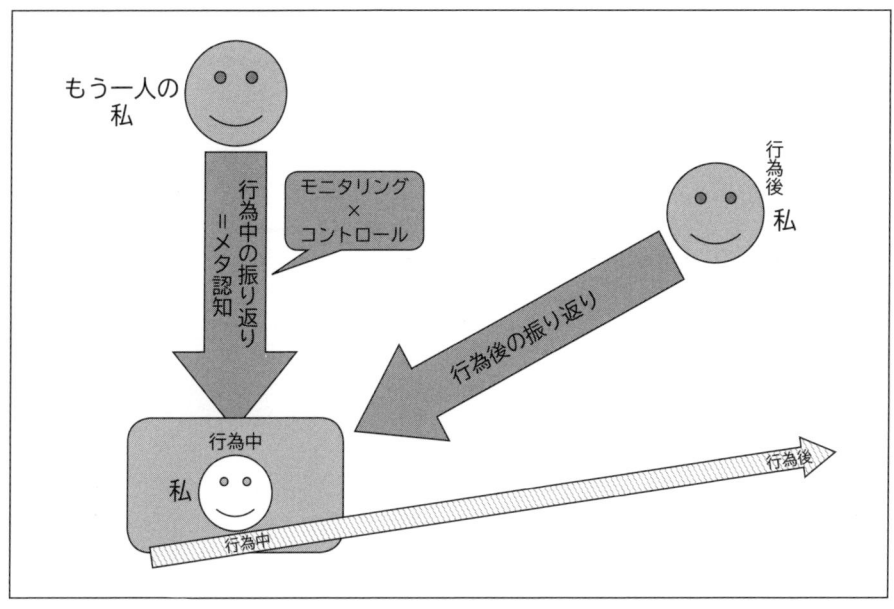

【4－3：行為の後の振り返りから行為中の振り返りへ】

もう一人の私

モニタリング×コントロール

行為中の振り返り＝メタ認知

行為後私

行為後の振り返り

行為中私

行為中

行為後

　以上の通り，（行為の後の）振り返りを習慣化することで，メタ認知ができるようになっていくことを説明しましたが，ここからはご提案です。言い換えるなら，振り返りがメタ認知のためのトレーニングになっているわけですから，このトレーニングの効果を上げた方がよいのでは考えてみました。ちょうど，先ほども振り返り習慣（振り返りの量や回数）に加えて，振り返りの質という言葉も使いました。

　この振り返りの質とは，例えば【4－4】のような構造になります。

　まずは，小学１年生のときに取り組んだ「せんせい，あのね」の通り，実際にあったことや起こったことをそのまま「出来事」として振り返るところから始めます。これが最初のレベルですが，「せんせい，あのね」と同じで，このレベルなら小学生の低学年（児童期前半）でも十分にできそうです。そ

のため，小学生の中学年以上，中高生であればなおさらのことですが，ここからさらに質を高めていくことが求められます。次のレベルとしては，出来事の最中に自分自身がどんな感情を抱いたのか，どんな精神状態になったのか……といった自らの「内的状態（内面の状態）」を振り返ることが求められます。そこまでたどり着けば，今度はどうしてそのような状態になったのか「理由・原因」を探り，さらにはこれからどうしていけばよいのかという「方針・見通し」を見出すところまで振り返ることができそうです。

【4－4：振り返りの質の構造】

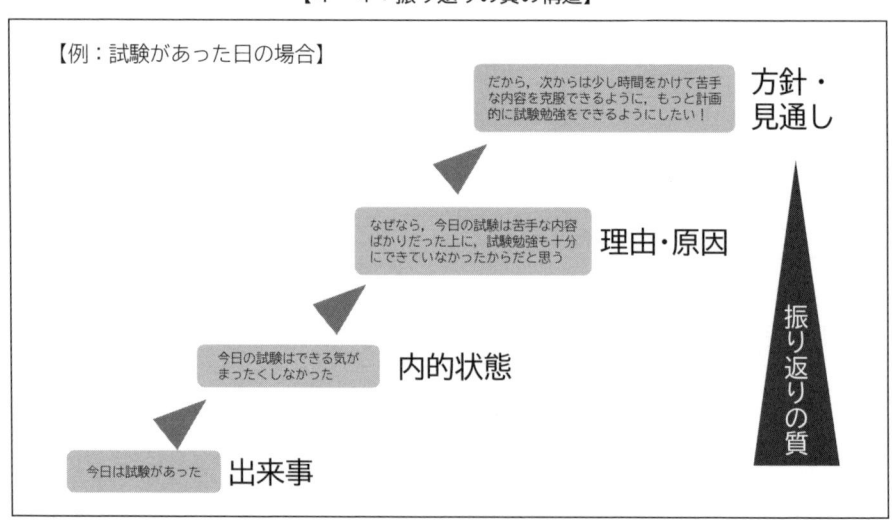

このように4つのレベルにすれば，段階的に振り返りの質を高めることも可能になります。ちなみに，この振り返りのレベルをシンプルなルーブリックにして，中高生の日々の振り返りを自己評価できるようにした『今未来手帳』（株式会社ラーンズ）は，まさにこの考えを取り入れた具体的なツールの一つです。

〈株式会社ラーンズ『今未来手帳』〉

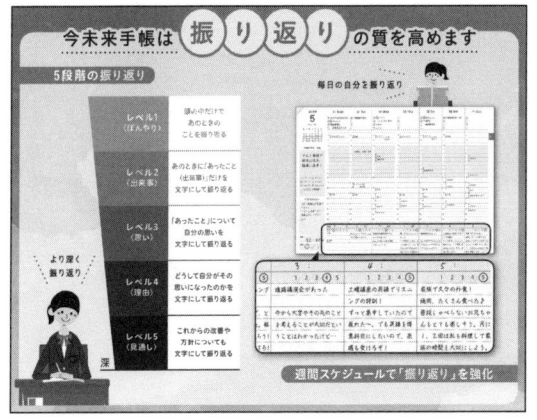

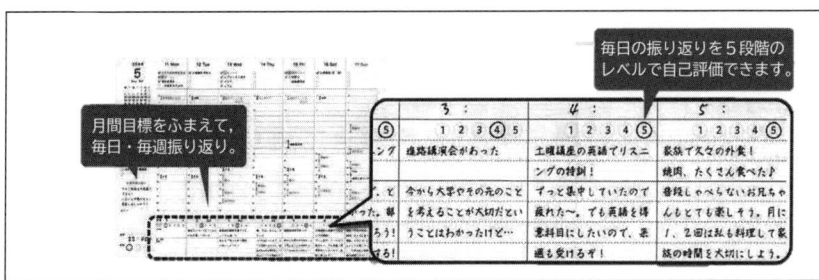

　例えば筋力トレーニングは，やみくもに回数だけをこなすのではなく，トレーニングの内容にもしっかり目を向けて，筋肉のどこを意識すればよいのか，どのようなフォームにすればよいのか……などを考えながら取り組むことで質の高い効果的なトレーニングになり得ます。振り返りのトレーニングも筋力トレーニングと同じです。児童・生徒が振り返るときに，いまの自分ならどのレベルの振り返りをすればよいのか，さらにその次にはどのようなレベルがあるのかを意識しながら，質の高い効果的なトレーニングができるようにしてあげたいですね。

5. 非認知能力の定量的な評価への挑戦

　本章の最後に，先ほどまでの振り返りによる評価とは打って変わり，客観的な数値化による評価が困難な非認知能力を，それでも定量的に評価しようと挑戦している自治体と企業をご紹介しておきましょう。

⑴岡山県井原市　井原“志”民力

　デニムでもすっかり有名になった岡山県井原市では，4年以上前から市（自治体）をあげて「井原“志”民力」という非認知能力を育成しようという取組が進められてきました。そのために，実行委員会も結成され，本書で紹介している教育実践ステップ5.0の前身のような取組を市全体で行ってきたのです。「井原“志”民力」のチャンクダウン（ステップ1.0）も，幅広く行った市民アンケートを踏まえて実行委員会で検討し，さらに市内の中高生たちとも協議しました。その結果，「いばら愛（郷土愛と当事者性）」「やり抜く力（忍耐力と向上心）」「まき込む力（発信と協働）」という大きく3つの力に具体化することができ，さらにそこに3つずつ（計9つ）の行動指標を作ることができたのです。

　この9つの行動指標をさらに分解して，18の評価項目を作り上げて，市内すべての小学4年生から高校3年生までの子どもたちを対象に年間2回の定期的な自己評価を行っています（ここでは，実際の自己評価シートの小学生版をご紹介しておきます）。そして，各力における各評価項目の集計結果を年度ごとに並べて，経年比較できるようにしています。市内全域の小中高生というデータ量と毎年度蓄積することによって厚みのある経年比較が可能と

なったことで,「井原"志"民力」が井原市内の子どもたちの中でどのように育まれているのかを定量的に評価・分析を行えているわけです。もちろん,自己評価であるために客観性は低いかもしれませんが,井原市内の学校現場では,総合的な学習(探究)の時間などを活用した積極的な「井原"志"民力」の育成実践を蓄積し始めています。また,校種を超えた各校の主任たちによるミーティングなども定例で行っているため,お互いの実践事例を共有することができているのです。

上述した通り,こうした非認知能力の育成のための働きかけ(実践)とこの定量的な評価が相まって,成果と課題を共有するための呼び水になり得ているように思われます。

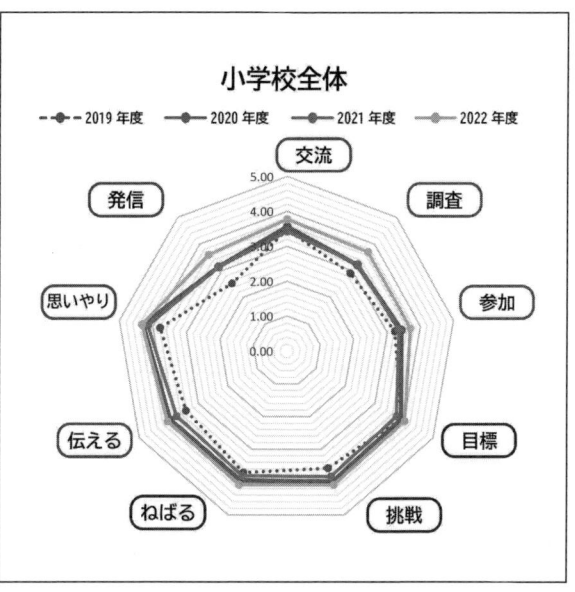

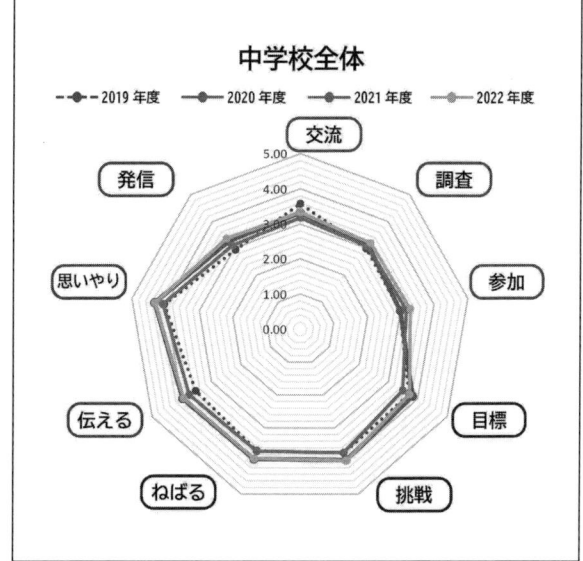

〈岡山県井原市による自己評価シート〉

No.		とてもできている		ふつう		全くできていない
1	井原市にいる年の近い人と校内や校外で交流できている	1	2	3	4	5
2	井原市にいるいろいろな大人たちと交流できている	1	2	3	4	5
3	井原市についていろいろな知識や情報をすでに持っている	1	2	3	4	5
4	井原市について知らない知識や情報を調べることができている	1	2	3	4	5
5	井原市で開催されるイベントや行事に参加できている	1	2	3	4	5
6	井原市のためのボランティア活動に参加できている	1	2	3	4	5
7	自分なりの目標を決めて取り組むことができている	1	2	3	4	5
8	自分が立てた目標に向かって一歩ずつ努力を重ねている	1	2	3	4	5
9	他の人に頼らず自分一人で取り組むことができている	1	2	3	4	5
10	自分にできることとできないことを考えて取り組むことができている	1	2	3	4	5
11	うまくいかなくても，粘り強く挑戦し続けることができている	1	2	3	4	5
12	どうしようもないとき，別の方法で取り組むことができている	1	2	3	4	5
13	自分の意見をしっかりと持って伝えることができている	1	2	3	4	5
14	自分の意見を相手にわかりやすく伝えることができている	1	2	3	4	5
15	守るべき約束事やマナーをいつも守ることができている	1	2	3	4	5
16	まわりの人たちへの気配りのある行動ができている	1	2	3	4	5
17	親しくない人や苦手に感じる人にも，積極的に自分の伝えたいことを発信できている	1	2	3	4	5
18	ＳＮＳなど（チラシやポスター，手紙なども含む）を使ってより多くの人たちへ，積極的に自分の伝えたいことを発信できている	1	2	3	4	5

⑵ IGS 株式会社　Ai GROW

　自己評価による評価は，どうしても自意識と切り離すことができないために，客観性が低くなってしまうという問題点は，すでにみなさんとも共有しましたね。それでは，自己評価だけでなく，相互評価（360度評価）を取り入れてみたらどうでしょう。自分のことをよく知る友人に，自分のこと（特に第0章の「非認知能力育成のためののピラミッド」で紹介した行動特性）を評価してもらいましょうか。どんな評価がかえってくると思いますか？相手も的確に自分のことを評価してくれ，さらに自分自身も的確な自己認識（自己客観視）ができていれば，かなり一致した評価になるかもしれません。逆に，相手が不的確な評価をしたり，自分自身の自己認識が不的確であったりすれば，評価にズレが生じてしまうことは言うまでもありません。ここでは，特に自分自身の自己認識はさておき，相手の評価がどれだけ信頼できるのかは，かなり大きな問題になってくるでしょう。評価する相手との関係性が良好ではなかったり，評価する相手がやたらと厳しい（あまい）評価をしがちだったり，そもそも評価する相手が面倒くさがっていたりとか…そんなことを考えれば考えるほど，相互評価への信頼性は低下の一途をたどります。やはり，自己評価だけでなく，相互評価もまた主観的だと言わざるを得ません。

　ところが，その相互評価に生じる主観性に対して，AI（人工知能）を駆使して，できるだけ客観性を持たせた評価ツールを開発した企業が現れました。それが IGS 株式会社であり，コンテンツ名は「Ai GROW」です。詳細は控えますが，様々な非認知能力（コンピテンシー）項目が設定されていて，それらの項目についてタブレットを使ってお互いに評価をします。そして，それぞれの評価者が，一つひとつの評価項目を選択するときの所要時間や選択する評価項目の全体的な傾向などから，しっかり（いい加減に）考えて答

えたのか，やたら厳しい（あまい）評価をする傾向にあるのかについて AI が分析してくれ，最終的には評価者の信頼性を計算した上で評価されるようになっているのです。すると，下のようなレーダーチャートで先生から生徒へフィードバックされたときに，自己評価と相互評価との違いを可視化できるようにもなります。例えば，この右側の真ん中あたりにある「共感・傾聴力」という項目になると，へこんでいる方が自己評価でとても低く，突出している方が相互評価でとても高いことがはっきりわかります。ここで先生は，「君は，自分が思っているよりも，共感・傾聴力が高いということをクラスメイトたちが評価してくれているよ！」とフィードバックできるわけです。こんなエビデンスベースのフィードバックをもらえたら，自己肯定感も高くなりそうですね。もちろん，その逆（自己評価が極端に高く，相互評価が極端に低い場合）もあり得ます。そのときには自己認識（自己客観視）のズレを修正するよいきっかけになるとも考えられますね。

〈IGS 株式会社　Ai GROW による評価結果の一部〉

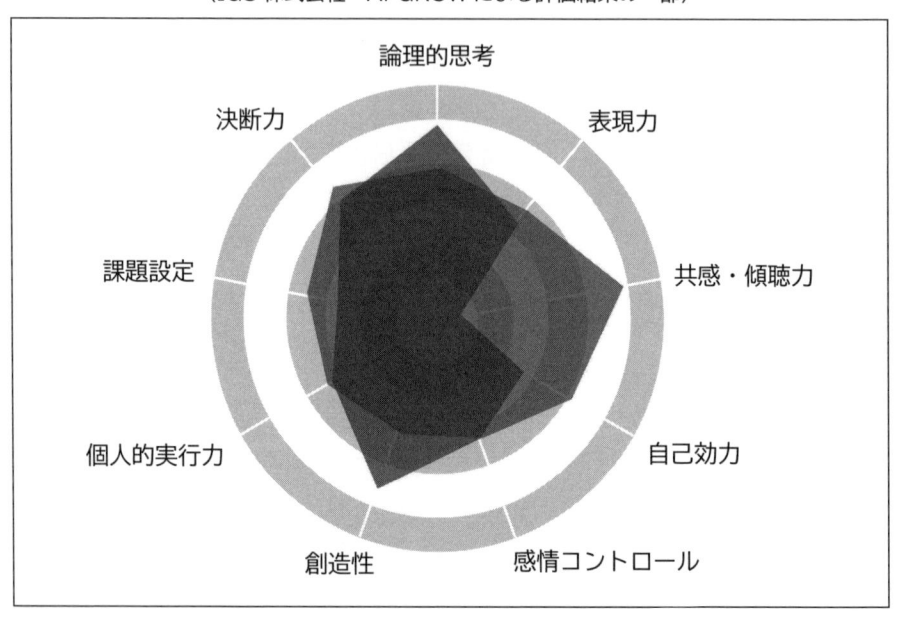

いかがだったでしょうか？　非認知能力を振り返りだけで評価するのではなく，困難だといわれている客観的な定量化に少しでも近づけようとしている自治体や民間企業の挑戦は，これからも続いていきそうです。ひょっとしたら，近い未来には非認知能力も認知能力のように客観性の高い定量的な評価が可能になっているかもしれません。それはそれでとても魅力的なことではあるのですが，いくら客観性の高い定量的な評価であっても，非認知能力が状況に依存しやすい力であることを忘れてはいけないでしょう。ただし，教師が目的意識的に働きかけた一つの結果として可視化できるという点では，教師の実践の改善に大いに役立てることができそうです。結局のところ，児童・生徒の評価が鮮明になればなるほど，教師の実践の評価が鮮明になるわけですから……。

　さて，いよいよ次章が最後の章です。次章では，この児童・生徒の評価と教師の評価との関係，その先にある実践の改善についてもふれておきたいと思います。

第4章

第 5 章

ステップ 5.0

反省的実践者としての教師自身の省察

最後の，ステップ5.0は……

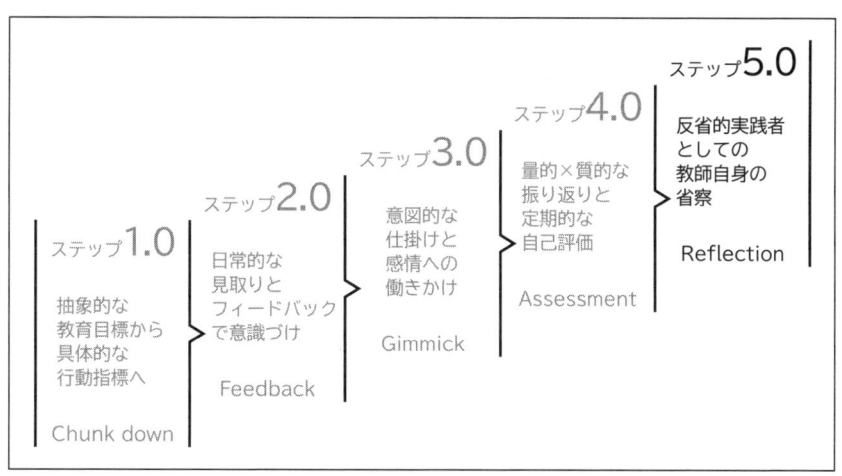

ステップ**1.0**

抽象的な
教育目標から
具体的な
行動指標へ

Chunk down

ステップ**2.0**

日常的な
見取りと
フィードバック
で意識づけ

Feedback

ステップ**3.0**

意図的な
仕掛けと
感情への
働きかけ

Gimmick

ステップ**4.0**

量的×質的な
振り返りと
定期的な
自己評価

Assessment

ステップ**5.0**

反省的実践者
としての
教師自身の
省察

Reflection

Reflection

1. 教師は反省的実践家なんだから

　アメリカの学者ドナルド・ショーンが，教師のような専門職者のことを「反省的実践家（Reflective-Practitioner）」と呼んでから，かなりの年月が過ぎました。「正解」，つまりはマニュアルのように画一的に正しいものを持ち合わせていない専門職者……そこには，必然性（必ずこうなる）でもなければ偶発性（たまたまこうなる）でもない，蓋然性（たぶんこうなる）の世界で実践されている実践家たちがいらっしゃいます。思えば，私自身が教育の世界に没頭しているのも，この蓋然性がなせる業なのかもしれません。決まりきった正解を追うのでもなく，ただの運任せにするのでもない世界だからこそ，いつも新しい発見があり，いつも調子に乗らせてくれないところに魅了されているように思います。それを一言でショーンは「反省的実践家」と称したわけですね。

　この反省という言葉は，前章でもガッツリふれてきたあの振り返り（Reflection）のことですね。反省とはあくまでも自分を責めることではありません。人は反省することによって，新しいことに気づき，その気づきを次につなげていくことができるわけです。まさに，学びそのものといえます。したがって，反省的実践家とは，決まりきった正解がない専門職者だからこそ，常に「これでよかったのか」「もっとできることはないか」「どうしてこんなにうまくいったんだろうか」などと問い続けることを宿命づけられているといっても過言ではないでしょう。「実るほど頭の下がる稲穂かな」という言葉の通り，表層的な仕事そのものを覚える時期を経て，次第に正解のない仕事の奥深さにふれていくにつれて，教師という仕事を続ければ続けるほど，「わからないこと」が増え続ける……真の教師という仕事は，勤続年数

にあぐらをかくどころか，勤続年数に比例して謙虚になる仕事なのでしょう。少なくとも私が出会ってきた「素晴らしきベテラン教師」は，誰一人もあぐらをかいている暇を持ち合わせていませんでした。それでいて，そんな暇のなさを（いろいろな感情は持ちつつも）どこか楽しんでいるように見えるから，なおさら魅力的です。自分が子どもの頃，こんな先生がそばにいてくれたらって思えるぐらいステキな先生方は，「働きかた」以上に「働きがい」を大事にしている先生方なのだと思えます。

　このように，新しい気づきとなる「反省」を繰り返し続ける専門職者……すなわち反省的実践家としての教師にとって必要なことはなんでしょうか？これまでにご紹介してきた学習者にとって必要な AAR サイクルがありましたが，このサイクルは児童・生徒だけでなく，教師にも必要なサイクルではないかと考えられます。なぜなら，教師自身も（教育実践に対する）学びの主体者でなければならないからです。そこで，まずは【5−1】のような教師自身の AAR サイクルのイメージ図を作成してみましたので，ご参照ください。

【5−1：教師の実践にも AAR サイクルを！】

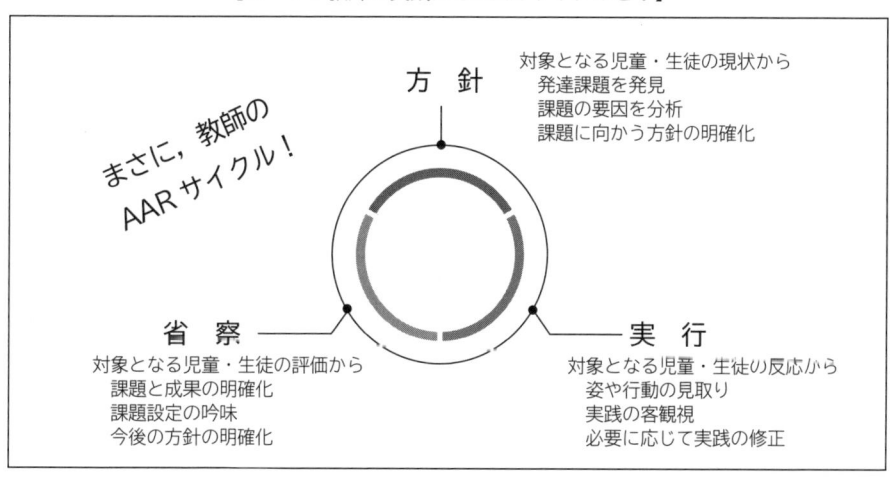

まさに，教師の AAR サイクル！

方　針
対象となる児童・生徒の現状から
発達課題を発見
課題の要因を分析
課題に向かう方針の明確化

省　察
対象となる児童・生徒の評価から
課題と成果の明確化
課題設定の吟味
今後の方針の明確化

実　行
対象となる児童・生徒の反応から
姿や行動の見取り
実践の客観視
必要に応じて実践の修正

先ほどのように AAR を一つずつ教師の実践と紐づけていくと……まず，最初の Anticipation は見通しや方針でしたので，例えば，児童・生徒の個別支援に関しては，第2章の4K分析のように，問題となるところを明確にした上で，目標と（個人以外の）3K による働きかけを考えていくという方法がありました。これこそ児童・生徒に対する個別支援の見通しや方針につながるわけです。また，授業のような教育活動ではどうでしょうか？　そうです！　第3章のギミックブラッシュアップシートこそ，授業などで非認知能力に刺激を与えながらも認知能力の獲得を目指す，認知能力と非認知能力を教育活動で一体的に育成するための見通しや方針でした。

　このように，教師は個別支援であっても授業などの教育活動であっても，決して行き当たりばったりにするのではなく，見通しや方針（Anticipation）を持った上で，なんらかの実践に臨むはずです。そうではなく，見通しや方針を持たない行き当たりばったりの実践は，もはや専門職者による実践とは言い難いものになってしまうでしょう。プロ（専門職者）とは，行き当たりばったりで臨むのではなく，あらかじめ現状分析と目標設定と課題解決の間に専門的な思考・判断を行き来させられるからプロなんです。このことを忘れてはいけませんよね。

　そして，見通しや方針に基づいて実行する Action は言うまでもなく必要不可欠です。ただし，このときも決して情熱的でやみくもに実行してほしいと言いたいのではなく，直接的な意識づけのためにも児童や生徒の姿や行動から見取ってフィードバックをしてもらいたいです。同時に，間接的な意識づけを十全にできるような教師からのサポートがあるのも望ましいでしょう。さらに，こうした意識づけだけではなく，前章でいうところのメタ認知のように，教師が自らの実践の客観視（リアルタイムでのモニタリング）をして，必要に応じて実践の調整（リアルタイムでのコントロール）をすることも求められています。

このように，見通しや方針を立てて，自らの実践をメタ認知しながら児童・生徒への意識づけも実行したからこそ，省察（Reflection）がより一層充実したものになってくるのです。専門職者としての教師の実践は，行き当たりばったりにも，やりっぱなしにもしてはいけません。これは別な言い方をすれば，行き当たりばったりにならない明確な見通しや方針を持たせた実践であれば，その後の省察に深まりが生まれ，次へのさらなる新しい気づきにつなげられるということになるでしょう。まさに，教師には「実践のAARサイクル」を回し続けることが求められています。

　それでは，2つ目のA（Action：実行）の後のR（Reflection：省察）はどのようにしていけばよいのでしょうか？　言うまでもなく，省察（R）には，見通しや方針（A）に基づいた結果を踏まえて，そこで設定していた目標と結果との間に生じた「差」についてどのように受け止め，次へ生かすことができるかが問われています。ただし，この際に認知能力であれば，結果は客観的な点数によって定量化できるため，目標値との比較もしやすく，どこの内容が不足していたかなどもわかりやすいのですが，非認知能力ともなるとそう簡単にはいきません。そのために，前章までのように教師の見取りであったり，感情曲線のようなものであったり，言語化された振り返りであったり，点数による自己評価や客観性を持たせようとした相互評価であったり……これらあらゆる方法を用いて，認知能力に勝るとも劣らない客観化や可視化に挑んでいる事例があったわけです。たしかに，この「結果のようなもの」とあらかじめ設定した目標（ねらいとしての非認知能力や行動指標）との比較をすることで，教師自身を省察して新しい気づきを見出し，次への改善につなげていけるでしょう。

　でも，ちょっと待ってください！　本当にそんなことができていますか？いま，多くの学校現場では，「学びに向かう力，人間性等」といった非認知能力を評価するために，「主体的に学習に取り組む態度」の評価をしようと

第5章

している……しかし，それは教師自身の実践の省察・改善のためではなく，児童・生徒の指導要録や調査書のための評価に傾倒しているのではないでしょうか？　もちろん，それが必要であることは間違いないでしょう。ただ，児童・生徒の評価と教師の評価とは常に切り離せない関係にあるということを前提としたとき，認知能力であっても非認知能力であっても，なんらかの方法で児童・生徒を評価する以上は，その児童・生徒にかかわった教師の評価といつもコインの両面であってほしいと思うのです。もちろん，児童・生徒の評価の低さを教師の責め苦に使おうなんてナンセンスです。だからこそ，個人ではなくチームとして取り組む「教育実践ステップ5.0」があります。児童・生徒の評価は特定の教師を責めたり崇めたりするものではなく，そこから何を学び，チームとして改善することは何かを探究していくものではないでしょうか。

　そんなことを実現するために学校現場で授業前・授業中・授業後に活用していただいているフローチャートが【5－2】になりますので，ご参照ください。

【5－2：児童・生徒の評価から教師の省察へ】

Anticipation 方針	授業前	本時を通して子どもたちに伸ばしたい力を予め明確化	伸ばしたい力のための教材・教育活動（=ギミック）の検討	ギミックによって引き出せる子どもたちの行動予測	発問や個別支援の準備
Action 実行	授業中	本時開始時に子どもたちに伸ばしたい力を共有	リアルタイムで子どもの行動を見取ってフィードバック	現状と予測とのギャップ調整のための軌道修正や個別支援	子どもたちと本時の教科内容と伸ばしたい力に関する振り返り
Reflection 省察	授業後	本時の伸ばしたかった力について子どもの姿を評価	子どもの振り返りも活用しながら多面的に評価	子どもの評価を踏まえてその評価へ至った原因や理由について検討	検討を踏まえて今後の授業改善や子どもたちに伸ばしたい力を検討

ちょうど，第3章の京都府の長岡第二中学校の事例で，ギミックブラッシュアップシート（中でも特に感情曲線）からチームによる授業検討が行われていたエピソードを紹介しました。授業検討などチームで省察するときには，授業者一人が学んでおしまいなのではなく，そこに参加されたすべての人たちがお互いに学び合えるようにしたいものです。その点では，公開授業や授業検討に参加する先生一人ひとりが，ここで自分ならどうするだろうか，この実践から自分は何を学ぶことができるだろうか……といった当事者意識を持って臨むことができれば素晴らしいですし，そのための一助にギミックブラッシュアップシートのようなツールをお役立てていただければいいなぁと思います。

第5章

2. 教師も環境の一部なんだから

　非認知能力をホットワードにした立役者の一人に，アメリカの教育ジャーナリストのポール・タフがいます。彼は，自身の著書の中で「非認知能力は，読み書き計算のように教えて身につくものではない。『環境』の産物なのだ」と述べています。まさしく，幼児教育においても「環境は第三の教師」と言われているように，子どもたちにとって環境が非認知能力に対するなんらかの意識づけをしてくれているのではないでしょうか。

　そして，この環境とは広義の環境であり，単なる物的な環境だけでなく，人的な環境をも含み込んでいます。つまり，教師もまた子どもたちにとってみれば，人的な環境の一部なのです。たしかに，日常的な教師から子どもへの直接的な意識づけや授業などの教育活動における間接的な意識づけが大切なことは言うまでもありません。しかし，それ以前に教師という存在（人的環境），教師というロールモデルこそが，子どもたちにとっての最大の意識づけになるのかもしれないのです。教員の研修では居眠りしているのに，子どもたちの前では「授業中寝ないで！」と言う教師がいます。教師間では「そんなのできません！」と簡単に言っているのに，子どもたちの前では「すぐに投げ出さないで！」と言う教師がいます。なんなんでしょう⁉　この矛盾，この辻褄の合わなさは……。決して，24時間365日，聖人君子でいてくださいと言っているわけではありません。ただ，教師の姿を子どもたちは間違いなく見ていて，そこから少なからず影響を受けているのです。だから，せめて自ら口にされたことだけでも実際の行動に移していただければ，辻褄が合ってくるのではないかと思います。

環境は，私たちの行動にとても大きな影響を与えます。「麻の中の蓬」ということわざもよく言ったものです。教師が環境の重要な一部分だとしたとき，児童・生徒の評価を見て，教師はやはりこう思うのではないでしょうか？

> 「もっとできることはなかっただろうか？」

そんなふうに思える教師は，一つひとつの実践を改善することもさることながら，きっと環境そのものに働きかける発信源になり得ているのではないかと思います。昔から言われているこの言葉，「プロの教師なら，子どもや親のせいにしない！」。この一言に尽きますよね。教師が持っているプロフェッショナリズムの本質は，子どもや親のせいにするのではなく，常に自らの実践に返すことにあります。だからといって自分を責めるのではなく，「変えられるのは自分」ということだとご理解ください。

例えば，無理難題を突きつけてくる保護者の声を聞いて，自分を責めるのではなく，この無理難題に対応できる自分にどのように変えられるのかを考えるということです。そんなポジティブな教師の姿を見て，児童・生徒は教師のことをロールモデルにしてくれることでしょう。これこそ，教師が環境の一部になれた瞬間なのかもしれません。

第5章

3. 学級・学校という場を豊かな環境に

　さて，本章もいよいよ最後の節になりました。ここでは，先ほどの教師が環境になるという話の延長に，教師だけでなく学級や学校という「場」を豊かな環境にしていくことの重要性を提言していきます。というのも，私が校種を問わず，様々な学校現場の授業を拝見させていただく中で，児童・生徒が前のめりになれて，失敗も乗り越えながら活気のある授業になっている環境には，素晴らしい学級経営による学級（クラス）という場が必要不可欠であることを強く実感させられるからです。また，校長先生をはじめとした管理職の先生方や，ミドルリーダーの先生方との意思疎通や連携がしっかりとれている学校も，研修や授業検討がとてもやりやすい「場」になっています。結局のところ，学級や学校が児童・生徒や教職員のみなさんにとって，さらには外部から訪れる私のような者にとって，どのような場になり得るのかは，内部のみなさんにかかっているのかもしれません。

　その中でも，特に学級という「場」をどのように作っていけばよいのでしょうか？　一言で言うなら，学級経営であったり，生活指導であったり，集団作りであったりということになります。教師がこれらを通じて，どのような学級という場を作り出せるのかが，実は先ほどまで述べてきた各章の内容のすべてと関係してくるといっても過言ではないでしょう。認知能力と非認知能力の一体的な育成のために，直接的な意識づけや間接的な意識づけに取り組んでいくことは必要不可欠なのですが，同時に，子どもたちが過ごす環境そのものへの働きかけも必要不可欠です。これは「卵が先か，鶏が先か」なのではなく，直接的・間接的な意識づけを通して，「場」がポジティブにできあがってくるからこそ，ますます直接的・間接的な意識づけがしやすく

なるといった関係性になります。このような構造を【5－3】のように整理してみましたので，ご参照ください。そして，これをご参照いただくと，これまでの章でご説明・ご提案してきたことが別な角度からご理解いただけるのではないかとも思っています。

　教育の不易を焼き直そうとしてきた本書では，基本的にこれまでの教育を否定する気など毛頭ありません。むしろ，私は日本の幼児教育現場や学校現場における教育実践は，勝手ながら世界に誇るものがあるとさえ確信しています。これまでの先人の方々の血と汗と涙を実践の糧として，より言語的に，科学的に，構造的にしていくことが，きっと，いまを生きる私たちの使命なのでしょう。こうして教育の不易を焼き直しながら，チームとして直接的及び間接的な意識づけや，学級経営や学校経営に結びつけていただければ，これほどうれしいことはありません！

【5－3：学級・学校という場を豊かな環境に】

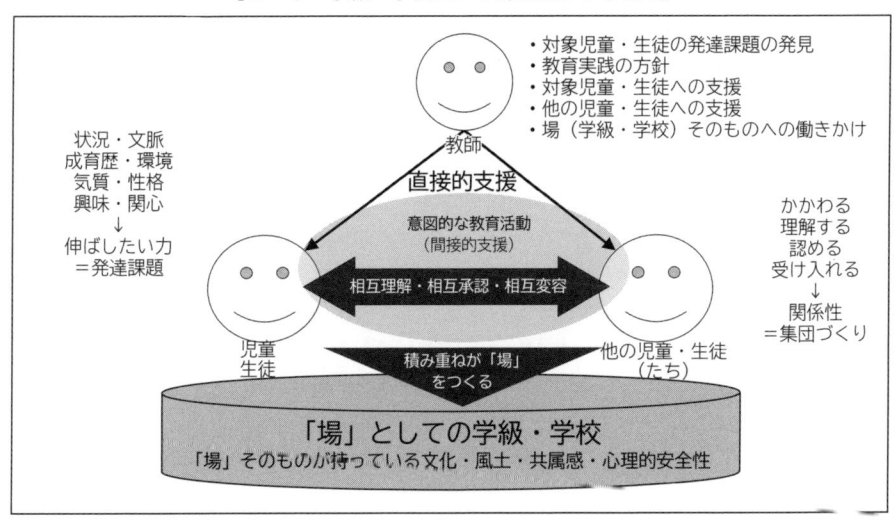

参考文献

第0章　・中山芳一『学力テストで測れない非認知能力が子どもを伸ばす』東京書籍，2018年

　　　　・中山芳一『家庭，学校，職場で生かせる！自分と相手の非認知能力を伸ばすコツ』東京書籍，2020年

　　　　・ジェームズ・J・ヘックマン（大竹文雄解説／古草秀子訳）『幼児教育の経済学』東洋経済新報社，2015年

　　　　・S. ボウルズ，H. ギンタス（宇沢弘文訳）『アメリカ資本主義と学校教育 I ―教育改革と経済制度の矛盾』岩波書店，2008年

　　　　・遠藤利彦「非認知的（社会情緒的）能力の発達と科学的検討手法についての研究に関する報告書」『平成27年度プロジェクト研究報告書』国立教育政策研究所，2017年

　　　　・『家庭の経済格差と子どもの認知能力・非認知能力格差の関係分析―2.5万人のビッグデータから見えてきたもの』日本財団，2018年

　　　　・中室牧子『「学力」の経済学』ディスカヴァー・トゥエンティワン，2015年

　　　　・岸本裕史『見える学力，見えない学力』大月書店，1981年

　　　　・松下佳代編著『〈新しい能力〉は教育を変えるか―学力・リテラシー・コンピテンシー』ミネルヴァ書房，2010年

　　　　・M・J・イライアス他（小泉令三編訳）『社会性と感情の教育―教育者のためのガイドライン39』北大路書房，1999年

　　　　・ダニエル・ネトル（竹内和世訳）『パーソナリティを科学する―特性5因子であなたがわかる』白揚社，2009年

　　　　・C・ファデル，M・ビアリック，B・トリリング（岸学監訳）『21世紀の学習者と教育の4つの次元―知識，スキル，人間性，そしてメタ学習』北大路書房，2016年

　　　　・デイビッド・R・カルーソ，ピーター・サロベイ（渡辺徹監訳）『EQ マネージャー』東洋経済新報社，2004年

　　　　・ダニエル・ゴールマン（土屋京子訳）『EQ―こころの知能指数』講談社，1996年

　　　　・経済協力開発機構（OECD）編著／ベネッセ教育総合研究所企画・制作（無藤隆，秋田喜代美監訳）『社会情動的スキル―学びに向かう力』明石書店，2018年

　　　　・アンジェラ・ダックワース（神崎朗子訳）『やり抜く力―人生のあらゆる成功を決める「究極の能力」を身につける』ダイヤモンド社，2016年

　　　　・無藤隆，森敏昭，遠藤由美，玉瀬耕治『心理学』有斐閣，2004年

　　　　・岡山県教育委員会『教育時報（2022年12月号）』2022年

　　　　・文部科学省「令和3年度国公私立大学・短期大学入学者選抜実施状況の概要」2022年

・中山芳一，田中麻衣，德留宏紀『スウェーデンと日本発！　非認知能力を伸ばす実践アイデアブック』東京書籍，2023年

第1章　・P・グリフィン，B・マクゴー，E・ケア編（三宅なほみ監訳／益川弘如・望月俊男編訳）『21世紀型スキル―学びと評価の新たなかたち』北大路書房，2014年
　　　・ダイアン・ハート（田中耕治監訳）『パフォーマンス評価入門―「真正の評価」論からの提案』ミネルヴァ書房，2012年
　　　・マーガレット・カー（大宮勇雄，鈴木佐喜子訳）『保育の場で子どもの学びをアセスメントする―「学びの物語」アプローチの理論と実践』ひとなる書房，2013年
　　　・志水宏吉編著／茨木市教育委員会著『「一人も見捨てへん」教育―すべての子どもの学力向上に挑む』東洋館出版社，2014年

第2章　・中山芳一『新しい時代の学童保育実践』かもがわ出版，2017年
　　　・鯨岡峻『エピソード記述を読む』東京大学出版会，2012年
　　　・杉山尚子『行動分析学入門―ヒトの行動の思いがけない理由』集英社，2005年
　　　・石田淳『短期間で組織が変わる　行動科学マネジメント』ダイヤモンド社，2007年
　　　・キャロル・S・ドゥエック（今西康子訳）『マインドセット―「やればできる！」の研究』草思社，2016年

第3章　・佐藤学『学びの快楽―ダイアローグへ』世織書房，1999年

第4章
- 中山芳一，西岡壱誠，八島京平監修／大学生のための教科書編集委員会編著『大学生のための教科書』東京書籍，2021年
- 中山芳一『コミュニケーション実践入門―コミュニケーション力に磨きをかける』かもがわ出版，2015年
- 白井俊『OECD　Education2030プロジェクトが描く教育の未来―エージェンシー，資質・能力とカリキュラム―』ミネルヴァ書房，2020年
- ドナルド・ショーン（佐藤学，秋田喜代美訳）『専門家の知恵―反省的実践家は行為しながら考える』ゆみる出版，2001年
- 三宮真智子『メタ認知で〈学ぶ力〉を高める―認知心理学が解き明かす効果的学習法』北大路書房，2018年
- OECD "OECD Future of Education and Skills 2030 Conceptual learning framework Concept note: OECD Learning Compass 2030" 2019年
  https://www.oecd.org/education/2030-project/teaching-and-learning/learning/learning-compass-2030/OECD_Learning_Compass_2030_Concept_Note_Series.pdf
- ジェリー・Z・ミュラー（松本裕訳）『測りすぎ　なぜパフォーマンス評価は失敗するのか？ The Tyranny of Metrics』みすず書房，2019年

第5章
- 中山芳一，吉澤英里「非認知能力に関する自己評価シートの開発」『岡山大学全学教育・学生支援機構教育研究紀要』第4号，186-195頁，2019年
- ドナルド・A・ショーン（柳沢昌一，三輪建二監訳）『省察的実践とは何か―プロフェッショナルの行為と思考』鳳書房，2007年
- 金井壽宏，楠見孝編『実践知―エキスパートの知性』有斐閣，2012年
- 中山芳一『新しい時代の学童保育実践』かもがわ出版，2017年
- ポール・タフ（高山真由美訳）『私たちは子どもに何ができるのか―非認知能力を育み，格差に挑む』英治出版，2017年

おわりに

　私がかかわり始めたとき，授業そのものが成立していない学校現場がありました。そんな学校の先生方と共に課題解決に臨む中で，「力で子どもたちを抑えつける学校」ではなく，「子どもたちのいろいろな力を伸ばせる学校」へと日に日に変わっていきました。やがて先生方の間には活気が生まれ，先生方が変わることで，子どもたちもまた変わっていきました。学校って本当にステキな現場だな……と実感する瞬間でした。

　私よりもひと回りぐらい年上のベテランの先生は，研修で私の話を聴かれた後に，めちゃくちゃ爽快な表情を浮かべながら「自分がいままでやってきたことを言葉にしてくれてありがとう！」と，わざわざお話に来てくださいました。こういう先生方に学校は支えられてきたんだよな……と実感する瞬間でした。

　教師の働き方の問題，教師の採用倍率低下の問題，AIにとってかわられるかもしれない問題，子どもや保護者や同僚との関係性の問題……ネガティブな目で見ればきりがないほど「学校のブラック」がクローズアップされている昨今ではあります。しかし，私はやっぱり学校現場で日々子どもたちの人格形成にかかわっていらっしゃる先生方のことをリスペクトしていますし，誰でもできるわけではない専門性の高い仕事であることだと確信しています。そんな先生方のために，ほんの少しでも，これからの一助にしていただければと本書を世に出す運びとなりました。

　ただ，「はじめに」にも書きましたが，本書は，私一人の力では不可能でした。現場の先生方と共に取り組んできたからこそできあがったものです。だからこそ，これまで私と共に取り組んできてくださった学校現場の先生方や各自治体の教育委員会の方々に，この場をお借りして感謝の気持ちを届け

たいと思います。本当にありがとうございました！　やっぱり……（とある
ドラマのパクリじはないですけど）「答え」は研究室にはあるのではなく，
現場にあるのだと思います。これから出会う学校現場の先生方も含めて，今
後とも私のパートナーとしてどうぞよろしくお願いいたします。そして，本
書を刊行するにあたって，タイトなスケジュールの中で私と一緒に伴走して
くださった明治図書出版の木山麻衣子さんがいらっしゃらなかったら，これ
また本書が世に出ることなんてありませんでした。木山さんにも心から感謝
申し上げます。

　近年よく言われているように，これからますます時代は変わっていくこと
でしょう。私たちの子ども，さらにその次の世代の子どもはいったいどんな
時代を迎えるのか，まったくもって予測が難しくなってきました。しかし，
そんな変化の激しい時代のうねりの中にあっても，人が人として育ち，人と
人とが学び合える，そんな教育そのものの本質だけは変わらずにいてほしい
と切に願います。この度，本書でこだわり続けた「教育の不易の焼き直し」
が，これから先の教育にほんのわずかでも何かを残すことができれば幸いで
す。

　　2023年7月

　　　　　　　　　　　　　　　　　　　　　　　　　　　　中山芳一

【著者紹介】
中山　芳一（なかやま　よしかず）

1976年1月，岡山県岡山市生まれ，現職は岡山大学教育推進機構准教授。岡山で小学校教員を目指して岡山大学教育学部を卒業したが，小学校教員ではなく学童保育の指導員へ。そこで，学童保育の研究が必要だと確信し，教育方法学研究の道へ進む。岡山大学に在職してからは，学生たちのキャリア教育や課外活動支援を担当。そして，自らの実践経験は，非認知能力の育成に取り組んできたのだと確信し，全国各地の学校や幼保こども園で非認知能力を育成するための教育実践の在り方を提唱し始める。さらに，現場の教職員と協働して様々な非認知能力に関する課題解決を行うことによって，各校園の授業や取組の質的な改善や荒れていた学校の立て直しなどにも貢献している。

All HEROs 合同会社代表社員。日本放課後学会代表理事。岡山県生涯学習審議会及び岡山県社会教育委員会会長。岡山県教育委員会「夢育」アドバイザー。文部科学省進路指導審査会委員。京都府第3次教育振興プラン検討会議委員。大阪府茨木市茨木っ子プランアドバイザーなどを務める。

『家庭，学校，職場で生かせる！自分と相手の非認知能力を伸ばすコツ』（2020年，東京書籍，単著），『学力テストで測れない非認知能力が子どもを伸ばす』（2018年，東京書籍，単著），『コミュニケーション実践入門』（2015年，かもがわ出版，単著），『東大メンタル―「ドラゴン桜」に学ぶやりたくないことでも結果を出す技術』（2021年，日経BP，共著）など多数。

教師のための「非認知能力」の育て方

| 2023年8月初版第1刷刊　©著　者 | 中　山　　芳　一 |
| 2024年8月初版第7刷刊　　発行者 | 藤　原　光　政 |

発行所　明治図書出版株式会社
http://www.meijitosho.co.jp
（企画）木山麻衣子（校正）丹治梨奈
〒114-0023　東京都北区滝野川7-46-1
振替00160-5-151318　電話03(5907)6702
ご注文窓口　電話03(5907)6668

＊検印省略　　　　組版所　中　央　美　版

Printed in Japan　　　　ISBN978-4-18-265252-3
もれなくクーポンがもらえる！読者アンケートはこちらから